「伸び悩み」「時間切れ」問題を
スキマ時間活用でビシッと解決！

TOEIC® L&R TEST
長文読解問題集

TARGET 730

音声
ダウンロード
付

730

野村知也
Nomura Tomoya

Jリサーチ出版

TOEIC® L&Rテストで730点を突破するために 必要な読解力、語彙力、試験力を 効率よく身に付ける

　本書はTOEIC® L&Rテストの長文読解パートである Part 7 を攻略するための対策書です。730点を突破するために必要なスキルを効率よく身に付けていただくために、本番の Part 7 よりも問題数の多い23セット80問で構成されています。

　Part 7 はTOEIC® L&Rテストの中で最も読解力が試されるパートです。普段、漠然と Part 7 の演習問題を解いて、結果に一喜一憂して学習を終わらせているようでは、いつまでたってもスコアアップは望めません。解法のポイントを意識しながら問題に取り組み、解説から正解に至る思考プロセスを学び、そのスキルが自分のものになるまで繰り返し復習することが大事です。

　本書では、それを可能にする様々な工夫を施しています。問題を解く前に「キーワードをチェック」で語彙を確認し、「意識すべきポイントをチェック」で事前にどのようなアプローチで解答すべきか確認してから実際の問題に取り組むことで、Part 7 の解法を効率良く身に付けることができるようになっています。「3ステップ解説」では、正解を導くための思考プロセスを3段階に分けてわかりやすく説明しています。また、本文と選択肢の間のパラフレーズ（表現の言い換え）や、他の選択肢が不正解になる理由を学びながら論理的思考力が自然と鍛えられるようになっています。さらに「スコアアップのポイント」では、スコアアップに役立つさまざまな知識

を学ぶことができます。

　各ページの上部にある**「ミニクイズ」**では、本書に登場する重要フレーズをランダムにクイズ形式で予習・復習することができるようになっています。また、TOEICのための学習によって得た知識を実際のビジネスでも生かせるよう、本書に掲載されている文章からコミュニケーションに役立つ便利な表現を抜粋して**「ビジネスメールで使える表現」**、**「チャットで使える表現」**として紹介してあります。

　また、復習を効率化するための工夫として、「キーワードをチェック」、「3ステップ解説」、「スコアアップのポイント」で紹介されている単語・フレーズは付属の赤シートで文字が消えるようにしてあります。「キーワードをチェック」では英→日で、「3ステップ解説」と「スコアアップのポイント」では日→英で瞬時に意味やフレーズを思い浮かべる力を養うことができます。ぜひ復習の際に役立ててください。

　最後に、本書によって皆さんが読解力、語彙力、試験力を身に付け、Part 7 を得点源としてTOEIC ® L&Rテストで730点の壁を突破されることを心より願っています。

野村知也

目次

Part 7 の問題構成＆攻略法はこれだ！

本書の使い方

STEP 1 語彙をチェックする

「キーワードをチェック」であらかじめ本文に登場する語彙を確認してから問題に
取り組むことで、実際の文章の中で瞬発的に語句の意味を捉える力を養います。

**特に重要な語句には
★がついています**

**発音記号の上には
カタカナを表記**

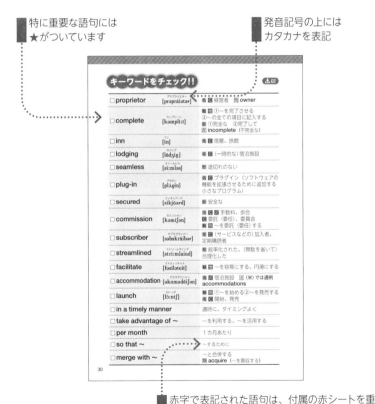

キーワードをチェック!!　　　♪02

□ proprietor	プラプライエター [prapráiatər]	名 ★ 経営者　同 owner
□ complete	カンプリート [kəmplíːt]	動 他 ①～を完了させる②～の全ての項目に記入する 形 ①完全な ②完了して 反 incomplete（不完全な）
□ inn	イン [ín]	名 宿屋、旅館
□ lodging	ラジング [ládʒiŋ]	名 ★（一時的な）宿泊施設
□ seamless	スィームレス [síːmləs]	形 途切れのない
□ plug-in	プラグイン [plʌ́ɡin]	名 ★ プラグイン（ソフトウェアの機能を拡張させるために追加する小さなプログラム）
□ secured	スィキュアード [sikjúard]	形 安全な
□ commission	カミッション [kəmíʃən]	名 ★ 手数料、歩合 名 委託（委任）、委員会 動 他 ～を委託（委任）する
□ subscriber	サブスクライバー [səbskráibər]	名 ★（サービスなどの）加入者、定期購読者
□ streamlined	ストリームラインド [stríːmlaind]	形 能率化された、（無駄を省いて）合理化した
□ facilitate	ファスィリテイト [fəsíləteit]	動 他 ～を容易にする、円滑にする
□ accommodation	アカマデイション [əkɑmədéiʃən]	名 ★ 宿泊施設 注（米）では通例 accommodations
□ launch	ローンチ [lɔ́ːntʃ]	動 他 ①～を始める②～を発売する 名 ★ 開始、発売
□ in a timely manner		適時に、タイミングよく
□ take advantage of ~		～を利用する、～を活用する
□ per month		1カ月あたり
□ so that ~		～するために
□ merge with ~		～と合併する 関 acquire（～を買収する）

30

**赤字で表記された語句は、付属の赤シートを重
ねると消えるので暗記学習に活用してください**

※語彙に自信のある方、本番のテストと同様に問題に臨みたい方は「キーワードをチェッ
ク」を後回しにしても構いません。

本書は、1セット（1題）ごとに正解・解説をチェックできるスタイルを採用しています。忙しい社会人の方や、他の学習にも時間を割かなければならない学生の皆さんが、**スキマ時間に効率よく学習できるように設計**されています。

【凡例】

動	動詞	他	他動詞（直後に目的語を取ることができる動詞）
		自	自動詞（直後に目的語を取ることができない動詞）
名	名詞	C	可算名詞（数えられる名詞）
		UC	不可算名詞（数えられない名詞）
		単	常に単数形で使う名詞
		複	常に複数形で使う名詞
		集	集合名詞（同じ種類のものがいくつか集まった1つの集合体を表す名詞）

代名	代名詞	代わりに名を表す詞（ことば）
形	形容詞	名詞を形容する詞（ことば）
副	副詞	動詞、形容詞、副詞、文などに意味を副える詞（ことば）
前	前置詞	名詞の前に置かれる詞（ことば）
接	接続詞	文と文を接続する詞（ことば）

同	同義語	同じ意味を持つ語句
類	類義語	近い意味を持つ語句
関	関連語	関連する語句
反	反意語	反対の意味を持つ語句

注	注意点
参	参考情報

STEP 2 解法のポイントをチェックする

「意識すべきポイントをチェック」で事前に解法のポイントを押さえたうえで問題に臨むことで、**本番のテストで効率よく解答できる試験力**を養います。

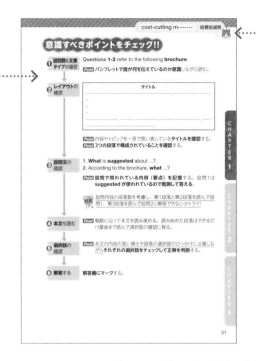

「ミニクイズ」では、本書に登場する重要フレーズがランダムに出題され、予習復習に効果的！（次のページですぐに正解を確認できるのもポイント）

STEP 3 問題を解く

目標タイムを目安に時間を計りながら問題を解くことで、**本番のテストで解答ペースを意識して解くタイムマネジメント力**を養います。

前のページの「ミニクイズ」の正解はこちらに!

cost-cutting **measures**

目標タイム ② 分

Questions 1-2 refer to the following brochure.

🔊 03

Retoova
Making it easy for independent proprietors

Retoova has the complete front and back end systems
to support your inn or lodging, giving you the tools and
professional look of the big chains.

For a very reasonable fee you can:
● Get the seamless Retoova plug-in software to add to
  your Web site where guests can make their reservations.
● Take bookings faster and in a timelier manner. Take
  advantage of the secured system that can accept all
  major credit cards.
● Receive full technical support and automated payments.
Prices start at £49 per month for a maximum of 10 rooms.

News
○ In September, we partnered with Gonnent Insurers to
  offer discounted travel insurance at the point of sale,
  with a 10% commission for Retoova subscribers.
○ In October, we redesigned our interface to make
  navigation simpler and an options menu streamlined so
  that customers can book more smoothly.

32

ダウンロードできる (→ P12 参照)
音声のトラック番号です

9

STEP 4 解説を読んで答え合わせをする

「3ステップ解説」を読んで、
読解力のベースとなる論理的思考力を養います。
3ステップ解説とは…

STEP1 設問で問われている内容を正しく理解する
STEP2 本文の中から正解の根拠となる箇所を見つける
STEP3 内容の言い換え (パラフレーズ) を見抜いて正解を選ぶ

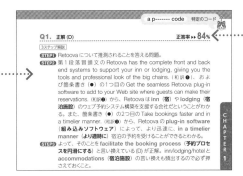

a p------- code　特定のコード

Q1. 正解 (D)　　　　　　　　　　　　　　　　正解率 ▶▶ **84%**

[3ステップ解説]

STEP1 Retoova について推測されることを答える問題。
STEP2 第 1 段落冒頭文の Retoova has the complete front and back end systems to support your inn or lodging, giving you the tools and professional look of the big chains. (和訳●)、および箇条書き (●) の1つ目の Get the seamless Retoova plug-in software to add to your Web site where guests can make their reservations. (和訳●) から、Retoova は inn（宿）や lodging（宿泊施設）のウェブ予約システム構築を支援する会社だということがわかる。また、箇条書き (●) の2つ目の Take bookings faster and in a timelier manner. (和訳●) から、Retoova の **plug-in software**（**組み込みソフトウェア**）によって、より迅速に、**in a timelier manner**（**より適時に**）宿泊の予約を受けることができるとわかる。
STEP3 よって、そのことを **facilitate the booking process**（**予約プロセスを円滑にする**）と言い換えている (D) が正解。inn/lodging/hotel と **accommodations**（**宿泊施設**）の言い換えも頻出するので必ず押さえておくこと。

TOEIC学習者によるモニターテストから算出した正解率。難易度の目安に

STEP 5 スコアアップに役立つ知識を身に付ける

泊施設）のウェブ予約システム構築を支援する会社だということがわかる。また、箇条書き (●) の2つ目の Take bookings faster and in a timelier manner. (和訳●) から、Retoova の **plug-in software**（**組み込みソフトウェア**）によって、より迅速に、**in a timelier manner**（**より適時に**）宿泊の予約を受けることができるとわかる。
STEP3 よって、そのことを **facilitate the booking process**（**予約プロセスを円滑にする**）と言い換えている (D) が正解。inn/lodging/hotel と **accommodations**（**宿泊施設**）の言い換えも頻出するので必ず押さえておくこと。

[設問の訳] **1.** リトゥーバについて何が示唆されていますか?
(A) 主に大企業向けにサービスを提供している。
(B) 小規模ホテルが世界に宣伝する手伝いをする。
(C) 旅行者に割引の部屋を提供している。
(D) 宿泊施設の予約プロセスを円滑にする。

スコアアップのポイント
in a timelier manner の timelier は形容詞 timely の比較級です。TOEICでは原級の timely を使った **in a timely manner**（**タイミングよく、適時に**）が頻出するのでしっかりと押さえておきましょう。また、manner が fashion に置き換わった **in a timely fashion**（**タイミングよく、適時に**）も併せて押さえておくとスコアアップにつながります。

「スコアアップのポイント」を読み、TOEICという観点で大事な知識を雪だるま式に身に付け、**語彙力**、**試験力**に更に磨きをかけます。

STEP 6 チェックボックスにチェックを付ける

各設問の下に〇△×のチェックボックスが3回分あります。自信を持って正解できた場合は〇、勘で選んで正解した場合は△、不正解だった場合は×にそれぞれチェックを付け、復習に役立てましょう。

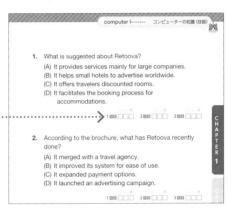

STEP 7 繰り返し復習する

STEP 6でチェックマークを付けた問題を中心に、
期間を空けて3回解くことで**知識の定着**を図ります。

また、「キーワードをチェック」、「3ステップ解説」、「スコアアップのポイント」で紹介されている語句を赤シートで隠して、
語句の意味や大事なフレーズを繰り返しチェックしてください。

本書を常に鞄の中に入れて持ち歩き、
ランダムに開いた右ページ上部の**「ミニクイズ」に挑戦**して
スコアアップに欠かせないフレーズ力を鍛えましょう。

無料ダウンロードについて

◆テキストデータ

本書に収録されている「キーワードをチェック」の部分を、下記のサイトにて無料ダウンロードすることができます。復習等にお役立てください。

https://www.jresearch.co.jp/book/b553506.html

◆音声

キーワードをチェック（英語→日本語）および問題文（英語のみ）の音声が無料でダウンロードできます。ダウンロードの方法は、以下のとおりです。

STEP 1 **インターネットで**
https://audiobook.jp/exchange/jresearch にアクセス！

★上記 URL を入力いただくか、J リサーチ出版のサイト（https://www.jresearch.co.jp）内の「音声ダウンロード」バナーをクリックしてください。

STEP 2 **表示されたページから、audiobook.jpの会員登録ページへ。**

★音声のダウンロードには、オーディオブック配信サービス audiobook.jp への会員登録（無料）が必要です。すでに会員登録を済ませている方は STEP 3へ進んでください。

STEP 3 **登録後、再度 STEP 1のページにアクセスし、**
シリアルコード「25052」を入力後、「送信」をクリック！

★作品がライブラリ内に追加されたと案内が出ます。

STEP 4 **必要な音声ファイルをダウンロード！**

★スマートフォンの場合、アプリ「audiobook.jp」の案内が出ますので、アプリからご利用下さい。PCの場合は「ライブラリ」から音声ファイルをダウンロードしてご利用ください。

【ご注意】

- PCからでも、iPhone や Android のスマートフォンやタブレットからでも音声を再生いただけます。
- 音声は何度でもダウンロード・再生いただくことができます。
- ダウンロードについてのお問い合わせ先：**info@febe.jp**（受付時間：平日10～20時）

※なお、各特典のご提供は、予告なく終了する場合がございます。

Part 7の問題構成＆攻略法はこれだ！

● Part7 の問題構成

問題数　　**15セット54問**

解答時間　**約55分**（※）

※リーディングセクションの解答時間75分から Part5、6 にかかる約20分を差し引いた時間

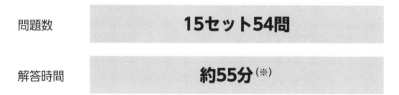

マルティプルパッセージ（MP）

シングル パッセージ（SP） （文書が1つ）	ダブル パッセージ（DP） （文書が2つ）	トリプル パッセージ（TP） （文書が3つ）
10セット29問	2セット10問	3セット15問

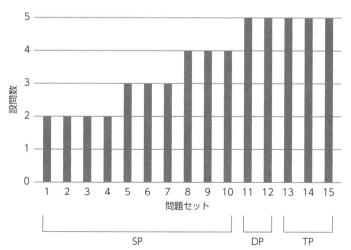

※SPの設問数の順番はテストによって多少入れ替わります

● Part7 の文書タイプと設問タイプ

Part 7 の問題は全て、文書タイプと設問タイプの組み合わせで考えることができます。

文書タイプ	×	設問タイプ

「文書タイプ」とは、各問題セットの一番上に記載される、文書の種類を表す語句のことです。**文書タイプによって本文を読む前に意識すべきポイントが異なる**ので、必ず最初にチェックするようにしてください。

例

Questions 147-148 refer to the following notice.

文書タイプ
= notice（お知らせ）

```
                  タイトル
      ------------------------------.----------------------.-----------
      ----------------.------------------------------.
```

「設問タイプ」とは、それぞれの設問を内容に応じてカテゴリ分けしたものです。**設問タイプによって情報を読み取る上でのアンテナの張り方が変わってくる**ので、先に設問をチェックしてから本文を読み進めるようにしましょう。

例

147. What is the purpose of the notice?

設問タイプ
=話題・目的を問う問題

```
   (A) -----------------------------
   (B) -----------------------------
   (C) -----------------------------
   (D) -----------------------------
```

● Part7 に出題される主な文書タイプと意識すべき点

❶ e-mail：メール

Part 7 に登場する文書の約1／4を占めます。内容は仕事に関する連絡、出張の手配、求人への応募、寄付の依頼など多岐にわたります。**誰がどんな目的で誰に対してメールを出しているのか意識しながら読む**ことが大事ですので、**必ず最初にヘッダー情報と署名をチェックする**ようにしてください。

例

To:	emma.johns79@gomail.com
From:	dunn-alex@covver-umbrella.co.ie
Date:	18 March
Subject:	Your purchase
Attachment:	🔗 Brochure

Dear Ms. Johns,

----------------------------- --------------------- ------
--------- -------------------------------- .

Alex Dunn
Customer Service Agent

ヘッダー情報
To: 送信先
From: 送信元
Date: 送信日
Subject: 件名
Attachment: 添付物

署名
送信者の氏名、役職、会社名など

【送信先と送信元の記載】

送信先と送信元の記載は、メールによって以下の5つのケースに分かれます。

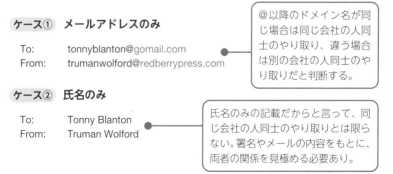

ケース①　メールアドレスのみ

To:　　tonnyblanton@gomail.com
From:　trumanwolford@redberrypress.com

@以降のドメイン名が同じ場合は同じ会社の人同士のやり取り、違う場合は別の会社の人同士のやり取りだと判断する。

ケース②　氏名のみ

To:　　Tonny Blanton
From:　Truman Wolford

氏名のみの記載だからと言って、同じ会社の人同士のやり取りとは限らない。署名やメールの内容をもとに、両者の関係を見極める必要あり。

ケース③ 氏名＋メールアドレス

To: Tonny Blanton <tonnyblanton@gomail.com>
From: Truman Wolford <trumanwolford@redberrypress.com>

ケース④ グループ名や部署名など

To: All Staff
From: Personnel Department ●

> 送信先にグループ名が記載されている場合は、そのグループに属する複数の人に対してメールが送信されていることを意識する。

ケース⑤ 氏名＋役職名

To: All Geo Technologies Employees ●
From: Truman Wolford, Office Manager

【添付ファイルに注意！】

　Part 7 では、**添付ファイルに関する設問がよく出題されます**。文書タイプが e-mail の場合はまずヘッダーで添付ファイルの有無を確認するようにしましょう。添付ファイルが存在する場合は、本文で Please find attached ~ . (添付の～をご確認ください) や、~ is attached. (～が添付されています) といった記載に注意してください。

　また、本文でウェブサイトを参照するよう案内されることもよくあります。その場合は**誰が何のためにウェブサイトを参照するよう促されているのかを読み取ろうと意識する**ことが大事です。

　記事は Part 7 の中盤から終盤にかけてよく登場します。内容は企業合併の話や町の紹介、店主やアーティストの経歴紹介など多岐にわたります。**ストーリーを追うことが大事**ですので、パラグラフ（段落）ごとに頭の中で内容を整理しながら読み進めるようにしましょう。少し難しめの語句が登場することもありますが、**知らない単語が出てきた場合は文脈から推測して意味を補う**ようにしましょう。ただし、本番で知らない単語があまりにも多すぎて全く歯が立たないと感じたら、諦めて次のセットに進む方が賢明です。

例

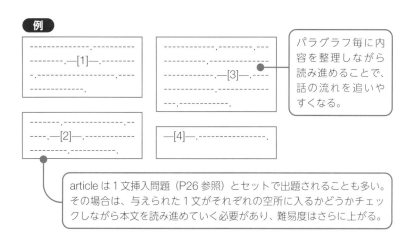

パラグラフ毎に内容を整理しながら読み進めることで、話の流れを追いやすくなる。

article は 1 文挿入問題（P26 参照）とセットで出題されることも多い。その場合は、与えられた 1 文がそれぞれの空所に入るかどうかチェックしながら本文を読み進めていく必要があり、難易度はさらに上がる。

　ウェブページで紹介されるのは、主に会社やお店のサービスです。**タブに書かれている情報が正解のヒントになる**こともあります。タブが表示されている場合は必ず確認するようにしましょう。

例

　広告の内容はお店の商品やサービスの紹介、人材募集などです。**誰が何の
ために広告を出しているのかを意識しながら読む**ことが大事です。２大ト
ピックである商品・サービス広告と求人広告においてそれぞれ意識すべきポ
イントを以下に挙げます。

商品・サービス広告

- 広告されている商品・サービスは何か
- 商品・サービスの特長は何か
- お得な情報（割引など）は案内されているか

求人広告

- 募集している職は何か
- 必須条件は何か
- 優遇条件は何か
- 応募書類（要提出物）は何か
- 応募先はどこか
- 応募期限はいつか

　内容はイベントへの招待、契約に関するお知らせ、申請承認の通知などで
す。**誰がどんな目的で誰に対して手紙を出しているのかを意識する**ことが大
事です。必ず最初にレターヘッド、宛先、署名をチェックするようにしま
しょう。

例

ABC Manufacturing XXX	**レターヘッド** 手紙の書き手の会社名、住所など
XXXXXX XXXXXX	**宛先** 手紙の送り先の氏名、住所など
Dear XXX,	
--.---------------------- -------.-------------------.-----------.	
Sincerely,	**署名** 手紙の書き手の名前、役職、会社名など
Victor Whaley ABC Manufacturing	

スマートフォンまたはタブレットコンピューター上でのメッセージのやり取りです。会社の同僚同士による１対１のやり取りが多いということを覚えておきましょう。

テキストメッセージのやり取りでは、以下の３つの点を意識しながら読むことが大事です。

①**やり取りの内容**（トピック）
②**やり取りしている人たちの職業と関係性**（上司と部下など）
③**意図問題**（P25 参照）**の該当箇所**（タイムスタンプと書き込み）

例

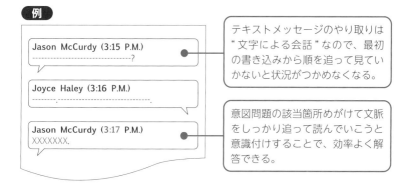

Jason McCurdy (3:15 P.M.)
---------------------------------?

Joyce Haley (3:16 P.M.)
--------.-----------------------------.

Jason McCurdy (3:17 P.M.)
XXXXXXX.

テキストメッセージのやり取りは "文字による会話" なので、最初の書き込みから順を追って見ていかないと状況がつかめなくなる。

意図問題の該当箇所めがけて文脈をしっかり追って読んでいこうと意識付けすることで、効率よく解答できる。

お知らせの内容は、店舗の改修、営業時間の変更、システムメンテナンス、イベント、求人などさまざまです。**誰が何のためにお知らせを出したのかを意識しながら読む**ことが大事です。

フォーム（用紙）は、用途によってアンケートフォーム、注文フォーム、応募フォーム、問い合わせフォーム、評価フォーム、コメントフォームなどに分かれます。**誰が何のためにフォームを書いたのかを意識しながら読む**ことが大事です。

❾ online chat discussion：オンラインチャットの話し合い

　主にパソコン上での3〜4名によるチャットのやり取りです。内容はプロジェクトの進捗状況や To Do の確認、プレゼンテーション資料やパンフレットのデザインなどについてのディスカッション、その他情報共有など多岐にわたります。

　テキストメッセージのやり取り同様、**オンラインチャットの話し合いでは、以下の3つの点を意識しながら読む**ことが大事です。

> ①**やり取りの内容**（トピック）
> ②**やり取りしている人たちの職業と関係性**（上司と部下など）
> ③**意図問題**（P25参照）**の該当箇所**（タイムスタンプと書き込み）

例

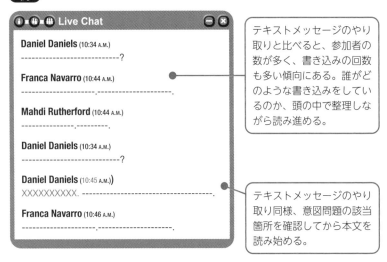

🔘・🔘・🔘 Live Chat ➖ ❌	
Daniel Daniels (10:34 A.M.)	テキストメッセージのやり取りと比べると、参加者の
------------------------------?	数が多く、書き込みの回数
Franca Navarro (10:44 A.M.)	も多い傾向にある。誰がど
-----------------.-----------------.	のような書き込みをしているのか、頭の中で整理しな
Mahdi Rutherford (10:44 A.M.)	がら読み進める。
---------------.----------.	
Daniel Daniels (10:34 A.M.)	
------------------------------?	
Daniel Daniels (10:45 A.M.))	テキストメッセージのやり
XXXXXXXXXX. ------------------------------.	取り同様、意図問題の該当
Franca Navarro (10:46 A.M.)	箇所を確認してから本文を
-----------------.-----------------.	読み始める。

❿ review：レビュー

　レビューの内容は、レストランや家具店などお店に対する批評、商品に対する批評、本の批評などです。**誰が何のレビューを書いているのかを意識しながら読む**ことが大事です。特に、**満足している点、不満に思う点、改善点、要望は設問で問われやすい**ということを押さえておいてください。

20

● Part7 に出題される設問タイプと意識すべき点

　本文で述べられている具体的な情報を答える問題です。**設問中のキーワードをもとに、本文の中から正解の根拠をいかに早く見つけられるかがポイント**です。多くの場合、正解の根拠は１箇所で述べられていますが、文書内で複数の情報を紐づけて解答しなければならないケースもあります。

例

---.-----------------------------------
------------------------------. We are offering 10% off on any purchase
you made on May 10. ---.

What will be offered on May 10?

(A) ------------------------------

(B) A discounted rate ●

(C) ------------------------------

(D) ------------------------------

設問にある May 10 や offered
をキーワードに本文を読み進
め、本文の記載を根拠に正解
を確定させる。

本文で述べられている情報をもとに推測して答える問題です。**正解のヒントが本文にハッキリとは書かれていないことも多く、ある程度推測して答える**必要があります。

設問に implied, suggested, most likely, probably が使われていたら推測問題です。

> What is **implied** about ...?
>
> What is **suggested** about ...?
>
> What is **most likely** true about ...?
>
> What is **probably** true about ...?

推測問題だからといって**自分勝手な推測は禁物**です。あくまで**本文に書かれている情報をもとに、妥当な推測をする**よう心がけてください。

例

Dear Ms. Chang
---------------------------------------.---------------------------------------
---. Please inform all of your factory workers about the inspection. ---
---------------------------------------.

Who most likely is Ms. Chang?

(A) ------------------------------
(B) ------------------------------
(C) ------------------------------
(D) A factory manager

> 本文のこの記述から、Chang さんは工場の管理者だと推測できる。(D) が正解だ。

What is the purpose of the article?（記事の目的は何ですか）や、What is the article mainly about?（主に何に関する記事ですか？）といった、文書が書かれた目的やテーマに関する問題です。文書の目的やテーマは第1段落を読めばわかることも多いですが、**大事なことは段落に関係なく正解の根拠となる記述や情報が出てくるまで読み進めること**です。

また、What is the purpose of ...?（…の目的は何ですか）と、What is a purpose of ...?（…の目的の1つは何ですか）では、意識すべき点が異なるので注意してください。

例

What is the purpose of the e-mail?　What is a purpose of the e-mail?

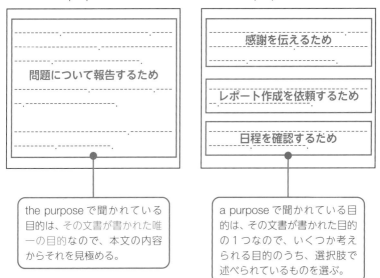

問題について報告するため

感謝を伝えるため

レポート作成を依頼するため

日程を確認するため

the purpose で聞かれている目的は、その文書が書かれた唯一の目的なので、本文の内容からそれを見極める。

a purpose で聞かれている目的は、その文書が書かれた目的の1つなので、いくつか考えられる目的のうち、選択肢で述べられているものを選ぶ。

❹ 同義語問題

指定された語句と言い換え（パラフレーズ）可能なものを選ぶ問題です。ターゲットとなる語句に複数の意味がある場合は、**その文脈での意味を特定する**ことが大事です。選んだ選択肢の語句を**実際に本文に当てはめてみて文意が成り立つか、違和感がないかをチェック**しましょう。

大文字のNOTを含む問題です。本文と内容が合わない選択肢を1つ選びます。**本文と選択肢の照合作業**をどれだけ時間をかけずに行えるかがポイントとなります。NOT問題は、以下のように参照範囲が段落をまたぐケースと、特定の段落内に限定されるケースに分かれます。

例

①参照範囲が段落をまたぐケース

```
                        (B) に関する記載
--------------- -[---------------------
--------- [---------------------- .
--------------------- .

              (A) に関する記載
-------------- [---------------
------------------- .
------------------- .

(D) に関する記載
[------------------------------------]------
------------------------- .
--------- .-------------------- .
```

②参照範囲が特定の段落内のケース

```
--------------- .---------------- .
------- ------------------- .
     (B) に関する記載
[------------- .]---------------- .-------
---------- .------(C) に関する記載
----------------------- .[----------
---------------- ]
--------- .[-------------------- ]------
--------------- . (D) に関する記載

------------------- .------------
------------------- .
```

189. What is NOT indicated about ...?

    (A) ------------------------------ .
    (B) ------------------------------ .
    (C) ------------------------------ .
    (D) ------------------------------ .

189. What is NOT a requirement of ...?

    (A) ------------------------------ .
    (B) ------------------------------ .
    (C) ------------------------------ .
    (D) ------------------------------ .

(A) は第2段落、(B) は第1段落、(D) は第3段落にそれぞれ記載があるので、本文に記載のない (C) が正解。

(B) は第2段落1行目、(C) は第2段落3～4行目、(D) は第2段落5行目にそれぞれ記載があるので、本文に記載のない (A) が正解。

text-message chain と online chat discussion 特有の問題で、ある書き込みに対する書き手の意図が問われます。例えば "I got it." というコメントからは、「相手の話を理解した」「ある物を手に入れた」「ある事を成し遂げた」といった意図が考えられるため、**正解を特定するには前後の文脈を読み取る**必要があります。

例

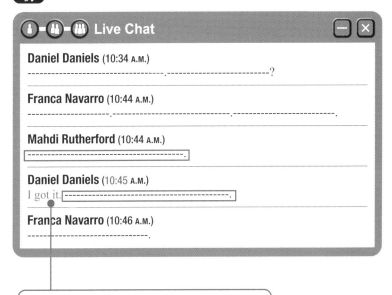

Daniel Daniels (10:34 A.M.)
-----------------------------------.----------------------------?

Franca Navarro (10:44 A.M.)
---------------------.------------------------.-----------------------------.

Mahdi Rutherford (10:44 A.M.)
--.

Daniel Daniels (10:45 A.M.)
I got it.---.

Franca Navarro (10:46 A.M.)
-------------------------------.

文脈を踏まえたうえで、特に直前と直後の書き込みとの繋がりを考えて "I got it" が表す意味を判断する。

与えられた1文を挿入する本文の適切な箇所を選ぶ問題です。**先に1文を
チェックしてから本文を読み進め、[1] ～ [4] の空所が登場するたびに1文
を当てはめてみて、前後とうまく文意がつながる場所を特定する**ようにしま
しょう。また、**正解を特定する上で大きなヒントとなるキーワードが1文に
含まれていることがある**ので、それを見逃さないようにしましょう。

例

```
------------------------------------.------------------------------------.--------
--------------[1]—.---------------------------------------------------.

---------------------------------.—[2]—.----------------------------------
---------------------------------------.--------------------------------.---------
---------------------------------.

—[3]—.-----------------------------------------.-------------------------.---
---------------------------------.--------------------------.  —[4]—.--------
---------------------------------------------.
```

158. ----------------------------------?
    (A) --------------------------
    (B) --------------------------
    (C) --------------------------
    (D) --------------------------

159. ----------------------------------?
    (A) --------------------------
    (B) --------------------------
    (C) --------------------------
    (D) --------------------------

160. In which of the positions marked
[1], [2], [3], and [4] does the
following sentence best belong?

"XXXXXXXXXXXXXXXXXXXXX."

(A) [1]
(B) [2]
(C) [3]
(D) [4]

> 1文挿入問題の1文は、
> 本文を読む前にチェッ
> クして、内容とキー
> ワードを押さえる。

1文に含まれる主なキーワード

代名詞	this, that, it, they, these など
接続副詞	however (しかしながら)、for example (例えば) など
時を表す副詞	then (その時)、at that time (その時、当時)、last year など
場所を表す副詞	there (そこで) など
順序を表す副詞	then (それから、その次に) など
その他副詞	also (～もまた、同様に) など

　ダブルパッセージ問題とトリプルパッセージ問題だけに出題される、文書間で情報を結び付けて答える問題です。その設問がクロスリファレンス問題かどうかは見た目だけでは判断できません。**1 つの文書だけでは正解が判断できないと思ったら、解答を一旦保留して残りの文書を読み進め、文書間で情報を紐づけて考える**ことが大事です。ダブルパッセージ問題では 1 ～ 2 問、トリプルパッセージ問題では 2 ～ 3 問出題されます。

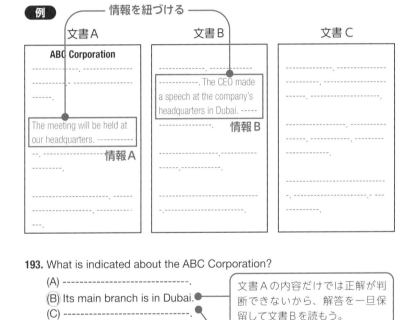

193. What is indicated about the ABC Corporation?

　　(A) -------------------------------.
　　(B) Its main branch is in Dubai.
　　(C) -------------------------------.
　　(D) -------------------------------.

文書Ａの内容だけでは正解が判断できないから、解答を一旦保留して文書Ｂを読もう。

文書Ａの情報Ａと、文書Ｂの情報Ｂから、本社はドバイにあると判断できるから、(B) が正解だ。

　トリプルパッセージにおけるクロスリファレンスのパターンは、①文書ＡとＢ、②文書ＢとＣ、③文書ＡとＣ、④文書ＡとＢとＣの４つですが、④のパターンの出題は少ないです。

● Part7 の解法

Part 7 の問題は基本的に以下の手順で解きます。

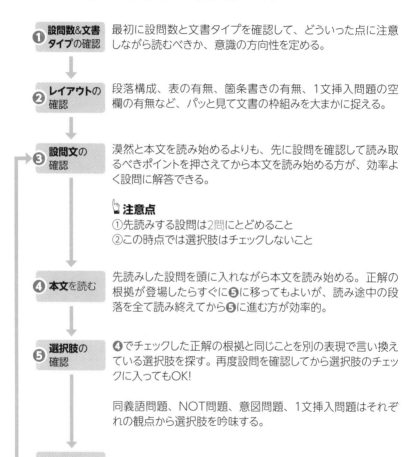

① 設問数&文書タイプの確認 最初に設問数と文書タイプを確認して、どういった点に注意しながら読むべきか、意識の方向性を定める。

② レイアウトの確認 段落構成、表の有無、箇条書きの有無、1文挿入問題の空欄の有無など、パッと見て文書の枠組みを大まかに捉える。

③ 設問文の確認 漠然と本文を読み始めるよりも、先に設問を確認して読み取るべきポイントを押さえてから本文を読み始める方が、効率よく設問に解答できる。

☝注意点
①先読みする設問は2問にとどめること
②この時点では選択肢はチェックしないこと

④ 本文を読む 先読みした設問を頭に入れながら本文を読み始める。正解の根拠が登場したらすぐに**⑤**に移ってもよいが、読み途中の段落を全て読み終えてから**⑤**に進む方が効率的。

⑤ 選択肢の確認 **④**でチェックした正解の根拠と同じことを別の表現で言い換えている選択肢を探す。再度設問を確認してから選択肢のチェックに入ってもOK!

同義語問題、NOT問題、意図問題、1文挿入問題はそれぞれの観点から選択肢を吟味する。

⑥ 解答する 解答欄にマークする。

※設問数分、**③**～**⑥**を行う（**④**で読む箇所（段落）は必要に応じて先に進める）

CHAPTER 1

SP

シングルパッセージ

2〜3問タイプ

★ □ proprietor	プラプライエター [prəpráiətər]	名 C 経営者 同 owner
□ complete	カンプリート [kəmplíːt]	動 他 ①〜を完了させる ②〜の全ての項目に記入する 形 ①完全な ②完了して 反 incomplete（不完全な）
□ inn	イン [ín]	名 C 宿屋、旅館
★ □ lodging	ラジング [ládʒiŋ]	名 C （一時的な）宿泊施設
□ seamless	スィームレス [síːmləs]	形 途切れのない
□ plug-in	プラギン [plʌ́gin]	名 C プラグイン（ソフトウェアの機能を拡張させるために追加する小さなプログラム）
★ □ secured	スィキュアード [sikjúərd]	形 安全な
★ □ commission	カミッシャン [kəmíʃən]	名 C UC 手数料、歩合 C UC 委託（委任）、委員会 動 他 〜を委託（委任）する
★ □ subscriber	サブスクライバー [səbskráibər]	名 C （サービスなどの）加入者、定期購読者
★ □ streamlined	ストリームラインド [stríːmlaind]	形 能率化された、（無駄を省いて）合理化した
★ □ facilitate	ファスィリテイト [fəsíləteit]	動 他 〜を容易にする、円滑にする
★ □ accommodation	アカマデイシャン [əkɑmədéiʃən]	名 UC 宿泊施設 注 （米）では通例 accommodations
★ □ launch	ローンチ [lɔ́ːntʃ]	動 他 ①〜を始める②〜を発売する 名 C 開始、発売
★ □ in a timely manner		適時に、タイミングよく
★ □ take advantage of 〜		〜を利用する、〜を活用する
□ per month		1カ月あたり
★ □ so that 〜		〜するために
★ □ merge with 〜		〜と合併する 類 acquire（〜を買収する）

意識すべきポイントをチェック!!

① 設問数&文書タイプの確認

Questions **1-2** refer to the following **brochure**.

Point パンフレットで誰が何を伝えているのか意識しながら読む。

② レイアウトの確認

タイトル

- -.
.
.
.
- -
- -.

Point 内容やトピックを一言で言い表している**タイトルを確認**する。
Point **3つの段落で構成されていること**を確認する。

③ 設問文の確認

1. **What** is **suggested** about ...?
2. According to the brochure, **what** ...?

Point 設問で問われている内容（要点）を記憶する。設問1は**suggested** が使われているので推測して答える。

🐱 **戦略** 設問内容と段落数を考慮し、第1段落と第2段落を読んで設問1、第3段落を読んで設問2に解答できないかトライ!

④ 本文を読む

Point 戦略に沿って本文を読み進める。読み始めた段落はできるだけ最後まで読んで選択肢の確認に移る。

⑤ 選択肢の確認

Point 本文の内容の言い換えや誤答の選択肢のひっかけに注意しながら**それぞれの選択肢をチェックして正解を判断**する。

⑥ 解答する

解答欄にマークする。

1. What is suggested about Retoova?

(A) It provides services mainly for large companies.

(B) It helps small hotels to advertise worldwide.

(C) It offers travelers discounted rooms.

(D) It facilitates the booking process for accommodations.

2. According to the brochure, what has Retoova recently done?

(A) It merged with a travel agency.

(B) It improved its system for ease of use.

(C) It expanded payment options.

(D) It launched an advertising campaign.

CHAPTER 1

CHAPTER 2

CHAPTER 3

1 - 2番は次のパンフレットに関するものです。

リトゥーバ
個人経営者のお手伝いをいたします

❶リトゥーバは完全なフロントエンドおよびバックエンドシステムで
あなたの宿や宿泊施設をサポートし、大手ホテルチェーン並みのツー
ルやプロの見栄えをご提供いたします。

非常にお求めやすい料金で：
- ❷お客様が宿泊予約を行う御社サイトにリトゥーバ製のシームレス
  なプラグインソフトを追加することが可能です。
- ❸より迅速に、適時に予約を受けることができるようになります。
  主要なすべてのクレジットカードに対応する安全なシステムをご
  利用いただけます。
- 技術的な総合サポートと自動支払いを受けることが可能です。
料金は、最大10部屋分までを月49ポンドからご利用いただけます。

ニュース
- ⊙ 9月に弊社はゴネント保険会社と提携し、旅行保険を割引価格で
  提供できるようになりました。宿泊予約客が保険を購入すると、
  リトゥーバの定期契約者さまには10パーセントの手数料が入りま
  す。
- ⊙❹10月に、お客様がより円滑にご予約できるようインターフェイ
  スを再設計したことで、ナビゲーションはより簡素化され、オプ
  ションメニューには無駄なものがなくなりました。

Q1. 正解 (D)　　　　　　　　　　　正答率 ▸▸ 84%

[3ステップ解説]

STEP1 Retoova について推測されることを答える問題。

STEP2 第1段落冒頭文の Retoova has the complete front and back end systems to support your inn or lodging, giving you the tools and professional look of the big chains. (和訳❶)、および箇条書き（●）の1つ目の Get the seamless Retoova plug-in software to add to your Web site where guests can make their reservations. (和訳❷) から、Retoova は **inn**（**宿**）や **lodging**（**宿泊施設**）のウェブ予約システム構築を支援する会社だということがわかる。また、箇条書き（●）の2つ目の Take bookings faster and in a timelier manner. (和訳❸) から、Retoova の **plug-in software**（**組み込みソフトウェア**）によって、より迅速に、**in a timelier manner**（**より適時に**）宿泊の予約を受けることができるとわかる。

STEP3 よって、そのことを **facilitate the booking process**（**予約プロセスを円滑にする**）と言い換えている (D) が正解。inn/lodging/hotel と **accommodations**（**宿泊施設**）の言い換えも頻出するので必ず押さえておくこと。

[設問の訳] **1.** リトゥーバについて何が示唆されていますか?
　　　(A) 主に大企業向けにサービスを提供している。
　　　(B) 小規模ホテルが世界に宣伝する手伝いをする。
　　　(C) 旅行者に割引の部屋を提供している。
　　　(D) 宿泊施設の予約プロセスを円滑化する。

✍️スコアアップ🎯のポイント

in a timelier manner の timelier は形容詞 timely の比較級です。TOEICでは原級の timely を使った **in a timely manner**（**タイミングよく、適時に**）が頻出するのでしっかりと押さえておきましょう。また、manner が fashion に置き換わった **in a timely fashion**（**タイミングよく、適時に**）も併せて押さえておくとスコアアップにつながります。

Q2. 正解 (B)   正答率 ▶▶ **87**%

〔3ステップ解説〕

STEP1 Retoova が最近したことを答える問題。

STEP2 News 欄を見ると、In October, we redesigned our interface to make navigation simpler and an options menu streamlined so that customers can book more smoothly.（和訳❹）とある。**streamlined** は「**能率化された、（無駄を省いて）合理化した**」という意味なので、Retoova はインターフェイスの再設計によってメニューから無駄なものを省くなどして、予約システムをより使い勝手のよいものに改良したことがわかる。

STEP3 よって、(B) が正解。**ease of use** は「**使い勝手の良さ、使いやすさ**」という意味。News 欄には 9 月に **insurer**（**保険会社**）と提携した旨の記載もあるが、それに該当するものは選択肢にない。

〔設問の訳〕 2. パンフレットによると、最近リトゥーバは何をしましたか?
(A) 旅行代理店と合併した。
(B) システムを使いやすいように改良した。
(C) 支払方法の選択肢を増やした。
(D) 広告キャンペーンを始めた。

Good work!

キーワードをチェック!!

⬇️ 04

★	□ itinerary [aitínəreri] アイティナラリィ	名 C 旅程表
★	□ reimbursement [ri:imbə́:rsmənt] リーインバースメント	名 C UC (費用などの) 払い戻し
★	□ incur [inkə́:r] インカー	動 他 (費用など) を負担する、(好ましくないこと) を招く
	□ determine [ditə́:rmin] ディターミン	動 他 ~を決定する、~を判断する
★	□ acknowledge [æknálidʒ] アクナリッジ	動 他 ①(事実や存在など) を認める ②(受領や完了したこと) を知らせる
	□ appreciate [əprí:ʃieit] アプリーシェイト	動 他 ~に感謝する
	□ availability [əveiləbíləti] アヴェイラビラティ	名 UC ①(人の) 都合 ②利用できること ③入手可能性
	□ go on a business trip	出張に行く
★	□ please find attached ~	添付の~をご確認ください 関 please find enclosed ~ (同封の~をご確認ください)
★	□ be acquainted with ~	~をよく知っている、~に精通している
	□ assembly line	組み立てライン
★	□ make sure ~	①確実に~する ②~を確認する
★	□ in regard to ~	~に関して
	□ in particular	特に

意識すべきポイントをチェック!!

① 設問数&文書タイプの確認

Questions **3-4** refer to the following **e-mail**.

Point 誰が何のためにメールを出したのかを意識しながら読む。

② レイアウトの確認

```
┌──────────────────┐
│  ヘッダー情報       │
└──────────────────┘
------------------------------------.-----------------
----------.---------------.-------------------------------.

-------------.
┌──────┐
│  署名  │
└──────┘
```

Point ヘッダー情報を見て送受信者名、日付、件名、添付ファイルの有無を、署名を見て送信者の役職や会社名を確認する。
Point 2つの段落で構成されていることを確認する。

戦略　第2段落は1文だけなので、第2段落も含めて本文をすべて読んだうえで設問3、4に順番に解答するやり方でトライ!

③ 設問文の確認

3. **What** is **a purpose** of the **e-mail**?
4. **What** is ...?

Point 設問で問われている内容（要点）を記憶する。
Point 設問3は **a purpose** なので **P23** のポイントを意識する。

④ 本文を読む

```
┌──────────────────┐
│  ヘッダー情報       │
└──────────────────┘
------------------------------------.-----------------
----------.---------------.-------------------------------.
          本文をすべて読む
-------------.
┌──────┐
│  署名  │
└──────┘
```

⑤ 選択肢の確認

Point 本文の内容の言い換えや誤答の選択肢のひっかけに注意しながらそれぞれの選択肢をチェックして正解を判断する。

⑥ 解答する

解答欄にマークする。

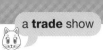
a **trade** show

目標タイム②分

Questions 3-4 refer to the following e-mail.

From:	Malcolm Fischer
To:	Julia Yavuz
Date:	October 13
Subject:	Training
Attachment:	📎 Itinerary

Dear Julia:

Thank you for agreeing to go on a business trip to Chiang Mai, Thailand. Please find attached your itinerary, including your flight information, hotel confirmation, and the name of a local employee who will pick you up at the airport. Since you are quite acquainted with the operation of machinery, I believe you are the best person to conduct a training workshop for assembly line workers there. Please make sure to read the employee handbook in regard to the reimbursement policy. In particular, you need to reserve and submit business-related receipts to get reimbursement for any expenses you incur.

If you have any questions, please let me know.

Best regards,

Malcolm Fischer
Assistant Production Coordinator

3. What is a purpose of the e-mail?

(A) To determine the training schedule
(B) To acknowledge completion of travel arrangements
(C) To appreciate a colleague's hard work
(D) To provide information about the upcoming
　　 conference

1回目 ○ △ ×　　2回目 ○ △ ×　　3回目 ○ △ ×

4. What is Ms. Yavuz instructed to do?

(A) Read a machine operation manual
(B) Submit a business report
(C) Keep proof of payment
(D) Confirm her availability

1回目 ○ △ ×　　2回目 ○ △ ×　　3回目 ○ △ ×

3-4番は次のメールに関するものです。

送信者：	マルコム・フィッシャー
宛先：	ジュリア・ヤブズ
日付：	10月13日
件名：	研修
添付：	🔗旅程表

ジュリア様

タイのチェンマイへの出張についてご同意いただきありがとうございます。❶フライト情報や宿泊先、空港まで迎えに行く地元従業員の氏名を記載した旅程表を添付しましたのでご確認ください。貴方は機械の操作にかなり精通していらっしゃいますので、現地の組立ラインの作業員向けの研修会を行う適任者であると確信しております。返金制度につきましては、従業員ハンドブックを必ずお読みください。❷特に、ご負担いただいた費用の払戻しを受けるには仕事関連の領収書を保管して提出していただく必要があります。

何かご質問があればお知らせください。

よろしくお願いいたします。

マルコム・フィッシャー
製造コーディネーター補佐

ビジネスメールで使える表現

Please make sure to read 〈文書〉.
〈確実に〈文書〉をお読みください。〉

If you have any questions, please let me know.
〈何かご質問があればお知らせください。〉

Q3. 正解 (B)　　　　　　　　　　　　　　　　正答率 ▸▸ **72**%

3ステップ解説

STEP1 メールの目的の1つを答える問題。

STEP2 メールの書き手である Fischer さんは、第1段落冒頭文でタイへの出張を引き受けてくれたことに対して Julia Yavuz さんに感謝したうえで、第2文で Please find attached your itinerary, including your flight information, hotel confirmation, and the name of a local employee who will pick you up at the airport. (和訳❶) と、添付の **itinerary**（**旅程表**）を確認するようお願いしている。

STEP3 これは、Yavuz さんに対して出張の手配が完了したことを伝えていると捉えることができるので、(B) が正解。**acknowledge completion of**（**〜の完了を知らせる**）は、スコアアップに欠かせない重要フレーズ。メールは旅行に関する情報を伝えてはいるが、**upcoming conference**（**今度の会議**）については何も伝えていないので、(D) は不正解。

設問の訳 **3.** メールの目的のひとつは何ですか?
(A) 研修スケジュールを決めること
(B) 出張の手配が完了したことを知らせること
(C) 同僚の懸命な仕事ぶりに感謝すること
(D) 次の会議について情報を提供すること

Q4. 正解 (C)　　　　　　　　　　　　　　　　正答率 ▸▸ **79**%

3ステップ解説

STEP1 Yavuz さんが指示されていることを答える問題。

STEP2 第1段落8〜9行目で従業員ハンドブックを読むよう指示したうえで、同段落最終文の In particular, you need to reserve and submit business-related receipts to get reimbursement for any expenses you incur. (和訳❷) で、経費の **reimbursement**（**払い戻し**）のために領収書を取っておくようガイドしている。

STEP3 よって、reserve business-related receipts を **keep proof of payment**（**支払いの証明となるものを取っておく**）と言い換えている、(C) が正解。receipts と **proof of payment** の言い換えはTOEICに頻出するので必ず押さえておくこと。また、incur（〜を負担する）は **incur an expense**（**費用を負担する**）というフレーズで覚えておくとスコアアップにつながる。

設問の訳 **4.** ヤブズさんは何をするよう指示を受けましたか?
(A) 機械の操作マニュアルを読む　　(B) 業務報告書を提出する
(C) 支払いを証明するものを保管する　(D) 彼女の都合を確認する

CHAPTER 1

a city **council**

キーワードをチェック!!

📥 06

□ completely [kəmplíːtli] _{カンプリートリィ}	副 完全に、すっかり	
□ urgent [ə́ːrdʒənt] _{アージェント}	形 急ぎの、緊急の	
★ □ clarify [klǽrəfai] _{クラリファイ}	動 他 ～を明確にする	
□ potential [pəténʃəl] _{パテンシャル}	形 ①可能性のある ②潜在的な	
□ colleague [káliːg] _{カリーグ}	名 C 同僚 同 coworker	
★ □ be due to ～	①～する予定である ②(感謝などが) ～に向けられるべきである	
★ □ take place	開催される	
□ right now	すぐに 同 right away	
★ □ make up for ～	(損失、不足など) を埋め合わせる	
★ □ go over ～	①～を注意深く調べる ②～をしっかり検討する	
★ □ insight into ～	～への洞察 (見識)	
□ approve of ～	～に賛成する、～を支持する	

44

意識すべきポイントをチェック!!

① 設問数&文書
タイプの確認

Questions **5-6** refer to the following **text-message chain**.

> *Point* テキストメッセージのやり取りでは、以下の3つの点を意識しながら読む。
> ①やり取りの内容（トピック）
> ②やり取りしている人たちの職業と関係性（上司と部下など）
> ③意図問題の該当箇所（タイムスタンプと書き込み）

② レイアウトの
確認

③ 設問文の
確認

5. **Why** did Ms. Walls ...?

> *Point* 設問で問われている内容（要点）を記憶する。

④ 本文を読む

```
(7:13 P.M.) Kumiko Walls
--------------------------------------------------------.
(7:15 P.M.) Navid Paneer
----------------------------.
  :
  :                         根拠が登場するまで読み進める
```

⑤ 選択肢の
確認

> *Point* 本文の内容の言い換えや誤答の選択肢のひっかけに注意しながら**設問5の選択肢を確認して正解を判断**する。

⑥ 解答する

解答欄にマークする。

※設問6についても、同様に**③**〜**⑥**を行う（**④**で読む箇所は先に進める）
※書き込みの意図を問う意図問題は、**直前の誰のどのような意見・質問を受けて書き込まれているものなのかをきちんと捉える**ことが大事

6. At **7:19** P.M., what does Ms. Walls most likely mean when she writes, "XXXXXXXXXX"?

```
(7:17 P.M.) Navid Paneer
----------------------------。        ←直前の書き込み
(7:19 P.M.) Kumiko Walls
XXXXXXXXXX.
```

> *Point* 文脈の中で書き込みの意図を判断することが大事。

C H A P T E R 1

C H A P T E R 2

C H A P T E R 3

hands-on training

Questions 5-6 refer to the following text-message chain.

(7:13 P.M.) Kumiko Walls
Navid, I completely forgot to mention this at the office, but I have a dental appointment at 10 o'clock tomorrow morning. Is it alright to come in at noon? Of course, I'll stay late tomorrow evening.

(7:15 P.M.) Navid Paneer
No problem. A team meeting is due to take place in the morning, but there is nothing urgent on the agenda right now. See you at 12.

(7:16 P.M.) Kumiko Walls
Thank you. That's a relief.

(7:17 P.M.) Navid Paneer
Kumiko, no need to make up for lost time by working late tomorrow, but could you go over the proposal for TNX Manufacturing by the end of the week? Your insight into the client's industry helps.

(7:19 P.M.) Kumiko Walls
Will do.

m------- branches　複数の支店

5. Why did Ms. Walls contact Mr. Paneer?

(A) To clarify a work schedule
(B) To apologize for not sending some information
(C) To offer help finishing a project
(D) To request some time off

○ △ ×
1回目 ☐☐☐　2回目 ☐☐☐　3回目 ☐☐☐

6. At 7:19 P.M., what does Ms. Walls most likely mean when she writes, "Will do"?

(A) She will review the draft made to a potential client.
(B) She will approve of her colleague's proposal.
(C) She will cancel the scheduled appointment.
(D) She will help Mr. Paneer by working overtime.

○ △ ×
1回目 ☐☐☐　2回目 ☐☐☐　3回目 ☐☐☐

C
H
A
P
T
E
R
1

C
H
A
P
T
E
R
2

C
H
A
P
T
E
R
3

5-6番は次のテキストメッセージのやり取りに関するものです。

（午後7時13分）クミコ・ウォールズ
ネイビッド、オフィスでお伝えするのをすっかり忘れていましたが、❶明日の朝10時に歯医者の予約が入っています。正午に出社してもよろしいでしょうか。もちろん、明日は遅くまで残ります。

（午後7時15分）ネイビッド・パニール
問題ありません。チームの打ち合わせを午前中に予定していますが、現時点で緊急性のある議題はありません。12時に会いましょう。

（午後7時16分）クミコ・ウォールズ
ありがとうございます。安心しました。

（午後7時17分）ネイビッド・パニール
クミコ、明日休む時間の埋め合わせとして遅くまで働く必要はありませんが、❷今週中にTNXマニュファクチャリング社への提案書に目を通しておいてもらえますか？ 顧客の業界についての貴方の洞察が役に立つのです。

（午後7時19分）クミコ・ウォールズ
承知しました。

チャットで使える表現

That's a relief.（安心しました。）

Your insight into the client's industry helps.
（顧客の業界についてのあなたの洞察〔見識〕が役立ちます。）

Will do.（そうします。）

Q5. 正解 (D) 　　　　　　　　　　　　　　　　正答率 ▶▶ 38%

3ステップ解説

STEP1 Walls さんが Paneer さんに連絡した理由を答える問題。

STEP2 Walls さんはメッセージの冒頭で、オフィスで伝え忘れたと前置きをしたうえで、Paneer さんに I have a dental appointment at 10 o'clock tomorrow morning. Is it alright to come in at noon? (和訳❶) と、明日は12時出社でも構わないかと尋ねている。

STEP3 つまり、Walls さんは午前半休の許可を得るために Paneer さんに連絡したと考えられるので、(D) が正解。some time off は「ちょっとした休み」という意味。(A) の **clarify a work schedule** は「**仕事の予定を明確にする**」という意味だが、Walls さんは、(もともと曖昧だった) 仕事の予定をはっきりさせようとして Paneer さんに連絡しているわけではないので、(A) は不正解。clarify (〔はっきりしていないもの、分かりづらいもの〕を明確にする) はニュアンスとともにしっかり覚えておこう。

設問の訳 **5.** ウォールズさんはなぜパニールさんに連絡しましたか?
(A) 仕事の予定を明確にするため
(B) 情報を送らなかったことを謝るため
(C) プロジェクトを仕上げる手伝いを申し出るため
(D) 休暇を申請するため

Q6. 正解 (A) 　　　　　　　　　　　　　　　　正答率 ▶▶ 67%

3ステップ解説

STEP1 Walls さんが "**Will do**" と書き込んでいる意図を答える問題。

STEP2 **Will do.** は口語表現で「**そうします**」という意味だが、ここでは直前の Paneer さんの書き込み could you go over the proposal for TNX Manufacturing by the end of the week? (和訳❷) に対する応答として、I will do it. の I と it を省略した形で提案書を精査する旨返答していることがわかる。

STEP3 よって、(A) が正解。**go over the proposal**（**提案書に〔しっかりと〕目を通す**）を **review the draft**（**原稿を精査する**）で、TNX Manufacturing を **a potential client**（**潜在的な顧客、見込み客**）でそれぞれ言い換えている。

設問の訳 **6.** 午後7時19分のウォールズさんの書き込み「承知いたしました」は、おそらく何を意味しますか?
(A) 見込み客のために作成された原稿を見直す。
(B) 同僚の提案に賛成する。
(C) 予定していた約束をキャンセルする。
(D) 残業することでパニールさんを手伝う。

キーワードをチェック!!

⬇08

★	☐ appliance	アプライアンス [əpláiəns]	名 C 電化製品
★	☐ follow	ファロウ [fálou]	動 他 (規則など) に従う
	☐ stable	ステイブル [stéibl]	形 安定した 反 unstable
	☐ level	レヴェル [lévəl]	形 平らな、水平な 名 C ①水準　②段階　③高さ 動 他 〜を平らにする
	☐ sealed	スィールド [síːld]	形 密閉 (密封) された
	☐ compressed	カンプレスト [kəmprést]	形 圧縮された
	☐ canned	キャンド [kǽnd]	形 缶詰にされた
	☐ spill	スピル [spíl]	動 他 (液体など)をこぼす 自 こぼれる 名 C UC こぼすこと
	☐ beneath	ビニース [biníːθ]	前 〜の真下に 副 下方に
★	☐ otherwise	アザーワイズ [ʌ́ðərwaiz]	副 そうしない場合は、さもなければ
★	☐ unplug	アンプラグ [ʌnplʌ́g]	動 他 (電化製品など) のプラグを引き抜く
★	☐ outlet	アウトレット [áutlet]	名 C ①店舗、販売店　②コンセント
★	☐ component	カンポウネント [kəmpóunənt]	名 C ①部品　②構成要素
	☐ 〜 -resistant		〜耐性の、〜に強い
	☐ a wide range of 〜		広範囲にわたる、幅広い〜

50

意識すべきポイントをチェック!!

❶ 設問数&文書 タイプの確認

Questions **7-8** refer to the following **instructions**.

Point 誰が誰に宛てた指示書なのかを意識しながら読む。

❷ レイアウトの 確認

タイトル
-- .
.
.
.
.

Point 内容やトピックを一言で言い表している**タイトルを確認**する。
Point 第2段落が箇条書きになっていることを確認する。

❸ 設問文の 確認

7. **What** are the instructions **most likely** for?
8. **What** is **NOT** ...?

Point 設問で問われている内容（要点）を記憶する。
設問7は **most likely** が使われているので推測して答える。
設問8はNOT問題なので **P24 のポイントを意識**する。

戦略 本文をすべて読んだうえで設問7、8に順番に解答するやり方でトライ!

❹ 本文を読む

タイトル
-- .
.
.
.
. 本文を全て読む

❺ 選択肢の 確認

Point 本文の内容の言い換えや誤答の選択肢のひっかけに注意しながら**それぞれの選択肢をチェックして正解を判断**する。

❻ 解答する

解答欄に**マーク**する。

CHAPTER 1

CHAPTER 2

CHAPTER 3

Questions 7-8 refer to the following instructions.　🔊09

Using Your Cookpal 500S

Thank you for purchasing the Cookpal 500S. For safety reasons and to avoid damage to the appliance, please follow the safety guidelines below:

● When using the Cookpal 500S, place it on a stable, level, and heat-resistant surface and allow at least 10 cm of free space around the sides to prevent a fire.

● The Cookpal 500S can cook a wide range of foods, but never heat foods in sealed containers, such as compressed products and canned foods to avoid accidents caused by heat expansion.

● Do not spill water or other liquid onto the unit beneath the grill plate. If this happens, gently wipe off the liquid with a dry cloth. Otherwise, this could lead to the risk of electrical accidents.

● Unplug the power cord from the outlet after use to avoid fire and/or damage to the electronic components.

7. What are the instructions most likely for?

(A) A gas heater
(B) A food blender
(C) An electric grill
(D) A microwave oven

○ △ ×
1 回目 □□□　2 回目 □□□　3 回目 □□□

8. What is NOT mentioned as the possible cause of an accident?

(A) Heating canned foods
(B) Leaving the base unit wet
(C) Placing the appliance against a wall
(D) Unplugging the electric cord

○ △ ×
1 回目 □□□　2 回目 □□□　3 回目 □□□

CHAPTER 1

CHAPTER 2

CHAPTER 3

7 - 8 番は次の説明書に関するものです。

クックパル500Sのご使用方法

クックパル500Sをご購入いただきましてありがとうございます。
❶安全のため、また本機の故障を防ぐため、以下の安全ガイドライ
ンに従ってください。

● クックパル500Sをご使用の際は、安定した平らで耐熱性のあ
  る表面に置いてください。また、❺火災を防ぐため、周囲に最
  低10cm以上の隙間を空けるようにしてください。
● ❷クックパル500Sは幅広い食品を調理することができますが、
  ❹熱膨張による事故を避けるため、圧縮された製品や缶詰のよ
  うな密封容器に入った食品は決して温めないでください。
● ❸グリル皿の下にある装置に水や他の液体をこぼさないでくだ
  さい。こぼれた際は、乾いた布で丁寧に拭き取ってください。
  そうしない場合は、電気事故を引き起こす恐れがあります。
● 火災や電気部品の故障を防ぐため、ご使用後は電気コードを
  コンセントから抜いてください。

Q7.　正解 (C)　　　　　　　　　　　　　　　　正答率 ▶▶ **70**%

3ステップ解説

STEP1 何の説明書なのかを推測して答える問題。

STEP2 タイトルに Using Your Cookpal 500S とあり、第1段落第2文に For safety reasons and to avoid damage to the appliance, please follow the safety guidelines below: (和訳❶) とあるので、この説明書は Cookpal 500S という **appliance**（**電化製品**）について書かれたものだとわかる。また、箇条書き（●）の2つ目にある The Cookpal 500S can cook a wide range of foods (和訳❷) から調理器具であることが、3つ目の Do not spill water or other liquid onto the unit beneath the grill plate. (和訳❸) からグリルプレートが付いていることがわかる。

STEP3 よって、(C) が正解。

設問の訳　**7.** これはおそらく何の説明書ですか？
(A) ガス暖房機　　　　　　　　　　　(B) 調理用ブレンダー
(C) 電気グリル　　　　　　　　　　　(D) 電子レンジ

Q8.　正解 (D)　　　　　　　　　　　　　　　　正答率 ▶▶ **28**%

3ステップ解説

STEP1 考えられる事故の原因として述べられていないことを答える問題。

STEP2 NOT問題は、選択肢と本文の内容を照らし合わせて本文の内容と合わない選択肢を1つ選ぶ。(A) の缶詰の加熱については、2つ目の●に never heat foods in sealed containers, such as ... canned foods to avoid accidents caused by heat expansion (和訳❹) とある。(B) の base unit（基底部）の被水については、3つ目の●に Do not spill water or other liquid onto the unit beneath the grill plate. (和訳❸) とあり、適切に対処しない場合は electrical accidents（電気事故）につながる可能性があると記載されている。(C) については、1つ目の●に allow at least 10cm of free space around the sides to prevent a fire (和訳❺) とあり、**against a wall**（**壁につけて**）設置すると火事につながる可能性があることがわかる。

STEP3 (D) の電気コードについては4つ目の●に記載があるが、火災や **components**（**部品**）への損傷を避けるために、**outlet**（**コンセント**）から **unplug**（**プラグを引き抜く**）よう指示しており、考えられる事故の原因としては述べられていない。

設問の訳　**8.** 事故の原因となり得るものとして述べられていないことは何ですか？
(A) 缶詰食品を温める　　　　　　　　(B) 基底部を濡れたままにする
(C) 製品を壁につけて置く　　　　　　(D) 電気コードを抜く

a **drainage** system

キーワードをチェック!!

📥 10

★ □ garage	ガラージ [gərá:dʒ]	名 C ①車庫　②自動車整備工場
□ competitive	カンペティティヴ [kəmpétətiv]	形 (価格などが) 競争力のある
★ □ annual	アニュアル [ǽnjuəl]	形 毎年の、年に一度の
□ inspection	インスペクシャン [inspékʃən]	名 C UC 検査、視察
★ □ fleet	フリート [flí:t]	名 集 (会社などの) 保有車両、車群
□ lot	ラット [lát]	名 C ① (人や物の) ひとかたまり ② (土地の) 区画　③くじ (引き)
□ describe	ディスクライブ [diskráib]	動 他 ～を述べる、説明する
★ □ measure	メジャー [méʒər]	名 C ①手段、方策　注 通例 **measures**　②測定 (器) 動 他 ①～を測定する　②～を評価 する　同 assess
□ bring ～ to one's attention		～に (人) の注意を向けさせる
□ be willing to ～		～する意思がある、～するのをいと わない
□ apply to ～		～に適用する (される)

56

意識すべきポイントをチェック!!

 ① 設問数&文書タイプの確認

Questions **9-10** refer to the following **e-mail**.

Point 誰が何のためにメールを出したのかを意識しながら読む。

 ② レイアウトの確認

```
┌──────────────┐
│  ヘッダー情報      │
└──────────────┘
---------------------------------------------------- · -----------------------
---------- · ------------------ · ----------------------------------- ·
---------------- · ----------------- · ---------------- ·
-------------- ·
┌────────┐
│  署名     │
└────────┘
```

Point 3つの段落で構成されていることを確認する。

Point ヘッダー情報を見て送受信者名、日付、件名、添付ファイルの有無を、署名を見て送信者の役職、会社名などを確認する。

③ 設問文の確認

9. **Why** ...?
10. **What** is ...?

Point 設問で問われている内容（要点）を記憶する。

 戦略 設問内容と各段落の文章量を考慮し、第1段落を読んで設問9、第2段落と第3段落を読んで設問10に解答できないかトライ!

 ④ 本文を読む

Point 戦略に沿って本文を読み進める。読み始めた段落はできるだけ最後まで読んで選択肢の確認に移る。

⑤ 選択肢の確認

Point 本文の内容の言い換えや誤答の選択肢のひっかけに注意しながらそれぞれの選択肢をチェックして正解を判断する。

⑥ 解答する

解答欄にマークする。

C
H
A
P
T
E
R
1

Questions 9-10 refer to the following e-mail.

From:	Emma Lymes <elymes@dfautos.co.uk>
To:	Reginald Franklin <rfranklin@gwarptravel.co.uk>
Date:	June 4
Subject:	Re: Another garage
Attachment:	📎 Estimate

Dear Mr. Franklin:

Thank you for your e-mail of June 2 in which you brought to my attention another vehicle maintenance center with lower charges than ours. After reviewing that company's Web site, we are willing to offer you competitive prices for annual inspections and routine maintenance of your fleet of cars. Please see the attached estimate. We hope this is acceptable to you.

The revised fees will apply to all work from now on, including the three inspections scheduled for next Wednesday. As usual, please drop the cars off in our lot between 8 A.M. and 11 A.M. so that they can be ready for pickup by your staff on the same day.

Should you have any questions, please do not hesitate to contact me.

Regards,

Emma Lymes
Managing Director
D.F. Autos

9. Why did Ms. Lymes send the e-mail to Mr. Franklin?

(A) To accept a reduction of charges
(B) To request payment for the inspection
(C) To describe cost-cutting measures
(D) To provide information about a competitor

○ △ ×
1回目 ☐☐☐ 2回目 ☐☐☐ 3回目 ☐☐☐

10. What is Mr. Franklin asked to do?

(A) Confirm a convenient date for maintenance
(B) Bring vehicles to a workplace
(C) Visit the garage to pick up his cars
(D) Submit requests for repairs

○ △ ×
1回目 ☐☐☐ 2回目 ☐☐☐ 3回目 ☐☐☐

CHAPTER 1

CHAPTER 2

CHAPTER 3

9-10番は次のメールに関するものです。

送信者：	エマ・ライムズ <elymes@dfautos.co.uk>
宛先：	レジナルド・フランクリン <rfranklin@gwarptravel.co.uk>
日付：	6月4日
件名：	Re: 別の自動車整備工場
添付：	見積書

フランクリン様

❶6月2日付のメールにて、弊社よりも低料金の自動車整備センターに関してお知らせいただきありがとうございます。同社のウェブサイトを確認させていただいた結果、❷お客様の保有されている自動車の年次点検と定期メンテナンスについて、同社よりも安い金額を提示させていただければと思います。添付の見積書をご確認ください。受け入れていただけると幸いです。

変更された料金は、今度の水曜日に予定されている3つの点検を含め、今後全ての作業に適用させていただきます。❸通常通り、自動車は御社のスタッフが同日中に引き取りにお越しいただけるよう、午前8時から午前11時までの間に当店の駐車場へお持ちください。

ご質問がありましたら遠慮せずにご連絡ください。

よろしくお願いいたします。

エマ・ライムズ
業務責任者
D.F. オートズ社

Q9. 正解 (A)　　　　　　　　　　　　　　正答率 ▶▶ **71**%

[3ステップ解説]

STEP1 メールの目的を答える問題。

STEP2 第1段落冒頭文 Thank you for your e-mail of June 2 in which you brought to my attention another vehicle maintenance center with lower charges than ours. (和訳❶) から、このメールは Franklin さんが D.F. Autos 社よりもメンテナンス料金の安い自動車整備工場の存在を知らせるために6月2日に送ったメールに対する Lymes さんの返信メールだということがわかる。そのうえで、続く第2文を見ると、we are willing to offer you competitive prices for annual inspections and routine maintenance of your fleet of cars (和訳❷) とあるので、Lymes さんはもともと D.F. Autos として提示していた金額よりも安い値段で車両の年次点検および定期メンテナンスを提供できる旨伝えるためにこのメールを送ったと考えられる。

STEP3 よって、(A) が正解。**competitive prices** は「**価格競争力のある値段、他社より安い金額**」という意味。**cost-cutting measures（経費削減策）** を述べるためにメールが送られているわけではないので、(C) は不正解。また、競合他社に関する情報提供については6月2日に Franklin さんが送ったメールの目的（の1つ）であってこのメールの目的ではないため、(D) も不正解。

[設問の訳] **9.** なぜライムズさんはフランクリンさんにメールを送りましたか？
(A) 料金の値下げを了承するため
(B) 点検費の支払いを求めるため
(C) 経費削減策について説明するため
(D) 競合他社の情報を提供するため

 スコアアップ のポイント

fleet（〔会社などの〕保有車両、車群）のイメージが湧かない人は、fleet = a group of vehicles とともにインターネットの画像検索で出てくる写真のイメージで覚えておきましょう。TOEICでは **bus fleet（バス会社の保有車両）** や **airline fleets（航空会社の所有機）**、**a fleet of trucks（トラックの車群）** といったフレーズで登場します。

C H A P T E R 1

CHAPTER 2

CHAPTER 3

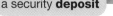

Q10. 正解 (B)　　　　　　　　　　　　　　　正答率 ▶▶ **71**%

〔3ステップ解説〕

STEP1 Franklin さんが依頼されていることを答える問題。

STEP2 第2段落最終文を見ると、As usual, please drop the cars off in our lot between 8 A.M. and 11 A.M. so that they can be ready for pickup by your staff on the same day. (和訳❸) とあるので、Franklin さんは点検に出す車両をいつも通り D.F. Autos 社の駐車場に置きに来るように依頼されていることがわかる。

STEP3 よって、(B) が正解。drop the cars off in our lot の部分を bring vehicles to a workplace と言い換えている。so that they can be ready for pickup by your staff on the same day の箇所で、点検作業が終了したあとの車両のピックアップについても述べられているが、ここはあくまで午前8時から11時の時間帯を指定して車を置きに来るよう依頼するうえでの補足説明であって、この1文で Franklin さんにピックアップを依頼しているわけではないため、(C) は不正解。

〔設問の訳〕 **10.** フランクリンさんは何を依頼されていますか?
(A) メンテナンスに都合の良い日を確認する
(B) 作業場に車を持ってくる
(C) 車の引き取りのために自動車整備工場を訪れる
(D) 修理の要望を提出する

スコアアップのポイント

設問ではメールの書き手が読み手に依頼している内容がよく問われます。正解を選ぶためには、依頼箇所をきちんと把握し、その内容を正確に理解することが大事です。文章によっては依頼内容が複数書かれていることもあるので、その点にも気を付けながら本文と選択肢の紐づけを行うようにしましょう。

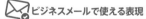ビジネスメールで使える表現

Thank you for your e-mail of 〈日付〉.
(〈日付〉のメールを送っていただきありがとうございます。)

We hope this is acceptable to you.
(受け入れていただけると幸いです。)

Should you have any questions, please do not hesitate to contact me.
(ご質問がありましたら遠慮せずにご連絡ください。)

Keep it up!

shuttle services

キーワードをチェック!! ⬇12

★	□ rep	レップ [rép]	名 C 担当者 (representative の略語)
	□ cracked	クラックト [krǽkt]	形 ひびが入った
	□ accidentally	アクスィデントリィ [æksədéntli]	副 偶然、うっかり 同 unintentionally
★	□ upcoming	アプカミング [ʌ́pkʌmiŋ]	形 来たる、今度の
★	□ once	ワンス [wʌ́ns]	接 いったん〜すると、〜するとすぐに
	□ registered	レジスタード [rédʒistərd]	形 登録されている
	□ designated	デズィグネイティッド [dézigneitid]	形 指定された
	□ billing	ビリング [bíliŋ]	名 UC 請求書の作成 (送付)
	□ turn on		(電化製品の) 電源が入る
★	□ fill out 〜		〜に記入する 同 fill in 〜
★	□ in working order		(機械などが) 正常に稼働している状態で
	□ register for 〜		〜に登録する
	□ inform 〜 of [about] ...		〜に…を知らせる

Text at top right

free r------- 無料の軽食 (飲食物)

意識すべきポイントをチェック!!

① 設問数&文書タイプの確認

Questions **11-13** refer to the following **form**.

Point 誰が何のためにフォームを書いたのかを意識しながら読む。

② レイアウトの確認

Point **タイトルは必ず確認**する。
Point **顧客情報欄、チェック欄、コメント欄等で構成されていることを確認**する。

③ 設問文の確認

11. **What** is **the purpose** of the form?
12. **What** is **NOT** ...?

Point 設問で問われている内容 (要点) を記憶する (最初の2問のみ)。
設問11は **the purpose** なので **P23** のポイントを意識する。
設問12はNOT問題なので **P24** のポイントを意識する。

🐾 **戦略** 欄単位で本文を読み進め、解答の根拠が登場したらいったん読むのを止めて設問に解答するやり方でトライ!

④ 本文を読む

解答の根拠が登場するまで読み進める

⑤ 選択肢の確認

Point 本文の内容の言い換えや誤答の選択肢のひっかけに注意しながら**それぞれの選択肢をチェックして正解を判断**する。

⑥ 解答する

解答欄にマークする。

※設問13についても、同様に**③**〜**⑥**を行う (**④**で読む欄は先に進める)

Questions 11-13 refer to the following form.

http://www.kilmertechrepairs.com/requestform

Kilmer Tech Repairs
Request Form

Date of Request: July 12
Customer Service Rep: Steven Morgan
Customer ID: 20058294
Customer Name: Neil Ferguson
Type of Device: Govix II

Type of Problem:
☑ Screen
☐ Battery
☑ Operating system
☐ Others

Brief Description of the Problem:
The power won't turn on and the screen is cracked. The customer accidentally dropped his smartphone while walking outside.

Additional Comments:
The phone needs to be repaired by the morning of July 18 because he has to bring it to his upcoming business trip to Mumbai. He wants us to call his office at 555-4732 to talk with his secretary, Kassie Boucher, once his phone is repaired and send it to the address registered in our database.

To Be Filled Out By the Technical Staff

Date Received: July 13   **Date Repaired:** July 17
Technical Staff: Kathleen Macias

Notes:
Please contact the customer and tell him that his phone has just been fixed. The broken screen was replaced and the operating system is now in working order. We'll send a package today to the designated address by overnight delivery.

11. What is the purpose of the form?

(A) To register for a membership
(B) To request an appointment
(C) To report a problem
(D) To inform a staff of a billing error

○ △ ×
1回目 □□□　　2回目 □□□　　3回目 □□□

12. What is NOT indicated on the form?

(A) Mr. Morgan needs his phone on his business trip.
(B) Ms. Boucher will receive a phone call from Mr. Morgan.
(C) Mr. Ferguson has already given Kilmer Tech Repairs his address.
(D) Ms. Macias repaired Mr. Ferguson's smartphone.

○ △ ×
1回目 □□□　　2回目 □□□　　3回目 □□□

13. When will Mr. Ferguson most likely receive the package?

(A) On July 12
(B) On July 13
(C) On July 17
(D) On July 18

○ △ ×
1回目 □□□　　2回目 □□□　　3回目 □□□

CHAPTER 1

CHAPTER 2

CHAPTER 3

11-13番は次のフォームに関するものです。

---

http://www.kilmertechrepairs.com/requestform

キルマーテック修理店
依頼書

依頼日：	7月12日	**問題タイプ：**
顧客サービス担当者：	スティーブン・モーガン	☑画面
顧客ID：	20058294	□バッテリー
顧客名：	ネイル・ファーガソン	☑オペレーティングシステム
機種名：	ゴビックスⅡ	□その他

問題点の簡単な説明：
❶電源がつかず、画面が割れています。外を歩いている際、お客様が誤ってスマートフォンを落としました。

追加コメント：
❷スマートフォンは、近々お客様がムンバイへ出張する際に持参する必要があるため、7月18日の午前中までに修理する必要があります。❸修理が完了次第、彼のオフィス（555-4732）に連絡し、秘書のキャシー・バウチャーと会話したうえで、弊社のデータベースに登録されている住所に修理済みのスマートフォンを送ってほしいとのことです。

技術スタッフ記入欄

受付日：	7月13日	**修理完了日：** 7月17日
技術スタッフ：	キャサリン・メイシャス	

備考：
❹お客様にご連絡して電話の修理が今しがた完了したことをお伝えください。割れた画面は交換し、OSは通常通り動作しています。❺荷物は翌日配送便でご指定の住所に送付いたします。

▼

Q11. 正解 (C) 正答率 ▶▶ **91**%

3ステップ解説

STEP1 フォームの目的を答える問題。

STEP2 まず、タイトルからこのフォームは修理を依頼するためのものだとわかる。次に、具体的な記載内容を見ていくと、Type of Problem 欄で Screen と Operating system にチェックが入っており、Brief Description of the Problem 欄に The power won't turn on and the screen is cracked. The customer accidentally dropped his smartphone while walking outside. (和訳❶) と記載されていることから、このフォームはスマートフォンを落としてしまったために生じた画面のひび割れと、電源が入らないという問題を報告するために書かれたものだとわかる。

STEP3 よって、(C) が正解。このフォームは request a repair (修理を依頼する) ためのものであって、request an appointment ([人と会う] 約束を求める) ためのものではないため、(B) は不正解。

設問の訳 **11.** フォームの目的は何ですか?
(A) 会員登録をすること (B) 人と会う約束を求めること
(C) 問題を報告すること (D) スタッフに請求書の誤りを知らせること

Q12. 正解 (A) 正答率 ▶▶ **39**%

3ステップ解説

STEP1 フォーム上で示されていないことを答える問題。

STEP2 NOT問題なので、選択肢と本文の内容を照らし合わせて、本文の内容と合わない選択肢を1つ選ぶ。(A) については、Additional Comments 欄 の 冒 頭 文 に The phone needs to be repaired by the morning of July 18 because he has to bring it to his upcoming business trip to Mumbai. (和訳❷) とあるが、この he や his は Ferguson さんを指すため、出張の際にスマートフォンが必要なのは Morgan さんではなく Ferguson さんである。

STEP3 よって、本文と内容が合わない (A) が正解。(B)、(C)、(D) については、Additional Comments 欄の第2文 He wants us to call his office at 555-4732 to talk with his secretary, Kassie Boucher, once his phone is repaired and send it to the address registered in our database. (和訳❸)、および Technical Staff である Macias さんが記入している Notes 欄の冒頭文、Please contact the customer and tell him that his phone has just been fixed. (和 訳 ❹) から、Macias さんが Ferguson さんのスマートフォンを修理したこと、

Morgan さんが Boucher さんに修理完了の連絡をすること、修理済みのスマートフォンを届ける配送先住所は Ferguson さんが既に Kilmer Tech Repairs に伝えてある住所と同じだということがそれぞれわかる。

設問の訳 **12.** フォームに示されていないことは何ですか?
(A) モーガンさんは出張の際に電話が必要である。
(B) バウチャーさんはモーガンさんから電話を受ける予定だ。
(C) ファーガソンさんは既にキルマーテック修理店に住所を伝えてある。
(D) メイシャスさんはファーガソンさんのスマートフォンを修理した。

✍スコアアップのポイント

NOT問題で、例えば (A) だけ読み終えて (A) が正解だと思った場合、残りの (B)、(C)、(D) の選択肢はチェックすべきでしょうか。もし、(A) に該当する記載が明らかに本文にない、あるいは (A) の内容と本文の内容が明らかに違うという確信が持てる場合は、わざわざ時間をかけて (B)、(C)、(D) をチェックする必要はありません。その時間を他の設問に充てる方がスコアアップにつながります。逆に、本文に理解のあやふやな部分や読み飛ばしがあって、(A) が正解であるという確信がそこまで持てない場合は、残りの選択肢にも目を通す方が良いでしょう。ただし、残り時間が非常に限られている状況で、他の設問を解くための時間を戦略的に確保したいという場合は、たとえ (A) が正解であるという確信が持てなくても、(B)、(C)、(D) をチェックせずに (A) をマークして次の設問に移って構いません。その時の状況に応じて判断するようにしましょう。

Q13. 正解 (D)　　　　　正答率 ▶▶ **80**%

3ステップ解説

STEP1 Ferguson さんが小包を受け取る日付を推測して答える問題。

STEP2 Date Repaired 欄から、スマートフォンの修理完了日は7月17日だとわかる。また、Notes 欄の最終文 We'll send a package today to the designated address by overnight delivery. (和訳❺) から、**designated address**(**指定された住所**) に **overnight delivery**(**翌日〔翌朝〕配送**) で届けられることがわかる。

STEP3 よって、(D) が正解。

設問の訳 **13.** ファーガソンさんはおそらくいつ荷物を受け取りますか?
(A) 7月12日
(B) 7月13日
(C) 7月17日
(D) 7月18日

スコアアップのポイント

overnight delivery（翌日〔翌朝〕配送）の他に、Part 7 に頻出する **expedited shipping**（〔荷物などの〕**急送、お急ぎ便**）も確実に押さえておきましょう。

Good work!

C
H
A
P
T
E
R
1

C
H
A
P
T
E
R
2

C
H
A
P
T
E
R
3

in the **suburbs** of a town

キーワードをチェック!!

⬇14

★ ☐ enthusiastic	インスューズィアスティック [inθuːziǽstik]	形 熱心な、熱狂的な
★ ☐ aspiring	アスパイアリング [əspáiəriŋ]	形 意欲的な、〜志望の
☐ conceptual	カンセプチュアル [kənséptʃuəl]	形 概念の
★ ☐ state-of-the-art	ステイタヴディアート [stéit-əv-ði-áːrt]	形 (技術などが) 最先端の、最新式の
★ ☐ qualified	クワリファイド [kwάləfaid]	形 資格要件を満たした、資格のある
★ ☐ literacy	リテラスィ [lítərəsi]	名 UC ①読み書きの能力 ②(コンピューターなどの) 知識、技能
★ ☐ ad	アッド [ǽd]	名 C 広告 (advertisement の略語)
☐ good	グッド [gúd]	形 ①良い ②有効な
☐ résumé	レジュメイ [rézjumei]	名 C 履歴書 注 resume (〜を再開する) と混同しないこと
☐ artwork	アートワーク [áːrtwəːrk]	名 UC (本などの) イラスト、写真 C UC (絵画などの) 芸術作品
★ ☐ understaffed	アンダースタッフト [ʌndərstǽft]	形 人手不足の
★ ☐ relevant	レレヴァント [réləvənt]	形 関係のある、関連する
★ ☐ pleasant	プレゼント [plézənt]	形 ①楽しい ②(人が) 感じの良い ③(気候などが) 心地よい
★ ☐ due to 〜		①〜が理由 〔原因〕 で ②〜のおかげで
☐ bring 〜 to life		〜に活気を与える
★ ☐ come up with 〜		(アイディアなど) を考え出す
★ ☐ above all		とりわけ、何よりも
★ ☐ behind schedule		予定より遅れて

意識すべきポイントをチェック!!

① 設問数&文書 タイプの確認

Questions **14-16** refer to the following **job announcement**.

Point 何の会社がどんな職種の求人を出したのか意識しながら読む。

② レイアウトの 確認

タイトル

------------.---------------------------.------------------------------.
--------------------------------------.-------------------------------------
--.------------------.
------------------.------------------------------.

Point タイトルは必ず確認する。
Point 3つの段落で構成されていることを確認する。

③ 設問文の 確認

14. **Why** is ...?
15. **What** is ...?

Point 設問で問われている内容 (要点) を記憶する (最初の2問のみ)。

戦略 設問内容と各段落の文章量を考慮し、第1段落を読んで設問14、第2段落を読んで設問15に解答できないかトライ!!

④ 本文を読む

Point 戦略に沿って本文を読み進める。読み始めた段落はできるだけ最後まで読んで選択肢の確認に移る。

⑤ 選択肢の 確認

Point 本文の内容の言い換えや誤答の選択肢のひっかけに注意しながらそれぞれの選択肢をチェックして正解を判断する。

⑥ 解答する

解答欄にマークする。

※設問16についても、同様に③〜⑥を行う (④で読む段落は先に進める)

C H A P T E R 1

目標タイム③分

 15

Questions 14-16 refer to the following job announcement.

Video Game Artist Wanted

Enthusiastic digital artists full of creativity are required to join Valconic Games in Pasadena, California. Due to continued growth, our company is short on staff and we need to add aspiring artists to our games development team. The position involves conceptual design of new video game characters, items, and scenery using state-of-the-art graphic design technology. You will work closely with our marketing staff to come up with images, based on game creator notes, to bring new projects to life and excite our customers.

Qualified candidates need to be able to manage periods of intense work with tight deadlines. Strong computer literacy and excellent written and spoken communication skills are a must. Above all, the position requires that you are or have recently been employed in a graphic design company. Knowledge of video games culture is a plus but not a requirement.

This want ad is good for a month, so e-mail your résumé and samples of your designs or artwork to jobs@valconic-games.com by June 30.

14. Why is the position available?

(A) Some team members will leave.
(B) The company is understaffed.
(C) A current project is behind schedule.
(D) A new department was created.

○ △ ✕　　　○ △ ✕　　　○ △ ✕
1回目 □□□　2回目 □□□　3回目 □□□

15. What is the most important requirement for the position at Valconic Games?

(A) Computer literacy
(B) Time management skills
(C) Relevant work experience
(D) Knowledge of the game industry

○ △ ✕　　　○ △ ✕　　　○ △ ✕
1回目 □□□　2回目 □□□　3回目 □□□

16. The word "good" in paragraph 3, line 1, is closest in meaning to

(A) valid
(B) useful
(C) skillful
(D) pleasant

○ △ ✕　　　○ △ ✕　　　○ △ ✕
1回目 □□□　2回目 □□□　3回目 □□□

CHAPTER 1

CHAPTER 2

CHAPTER 3

facilitate the booking process

14-16番は次の求人広告に関するものです。

ゲームアーティスト求む

カリフォルニアのパサディナにあるヴァルコニック・ゲームズ社は、創造性に満ち溢れた熱意あるデジタルアーティストを募集しています。❶弊社は、継続的な成長を遂げているため人員が不足しており、弊社のゲーム開発チームに加わっていただく意欲的なデザイナーを必要としています。職務には、最新のグラフィックデザイン技術を用いた、新しいビデオゲームキャラクター、商品、背景画の概念設計が含まれます。新プロジェクトを活気づけてお客様を喜ばせるために、ゲームクリエイターのメモを参考にして、弊社のマーケティングスタッフと密接に作業しながらイメージ画像を考案していただきます。

適任の候補者は厳しい締切りのもと、集中的に作業を行う期間を管理できる必要があります。コンピューターの高い操作能力と、文面と会話による優れたコミュニケーション能力が必要です。❷何よりも、この職では現在または最近までグラフィックデザイン会社に勤務していた経験が求められます。ビデオゲーム文化に関する知識は望ましいですが、必須ではありません。

❸この求人広告は1か月間有効です。つきましては、6月30日までに履歴書とデザインまたは作品のサンプルを jobs@valconic-games.com 宛てにメールでお送りください。

Q14.　正解 (B)　　　　　　　　　　　　　正答率 ▸▸ **89**%

3ステップ解説

STEP1 求人の理由を答える問題。

STEP2 第1段落第2文 Due to continued growth, our company is short on staff and we need to add aspiring artists to our games development team. (和訳❶) から、会社の継続的な成長による社員の不足が、同段落冒頭文で伝えているデジタルアーティスト募集の背景にあることがわかる。

STEP3 よって、(B) が正解。**short on staff（社員が不足して）** が **understaffed（人手不足で）** で言い換えられている。会社が成長しているのであれば部署も新しく作られているのではないか、と勝手に推測して (D) を選ばないように注意。

設問の訳　**14.** なぜこの職に空きが出ましたか?
(A) 数名のメンバーが退職する。
(B) 会社が人手不足だ。
(C) 現在のプロジェクトの予定が遅れている。
(D) 新しい部門が作られた。

☝スコアアップ♪のポイント

形容詞の enthusiastic（熱心な、熱狂的な）と aspiring（意欲的な、〜志望の）は覚えておくと読解に役立ちます。前者は **He is enthusiastic about the new plan.（彼は新しい計画を熱心に支持しています）** や **enthusiastic supporters（熱狂的な支持者）** で、後者は **aspiring writers（意欲的な作家、作家志望の人）** というフレーズで押さえておきましょう。

Q15.　正解 (C)　　　　　　　　　　　　　正答率 ▸▸ **37**%

3ステップ解説

STEP1 Valconic Games 社の求人で最も大事な資格要件を答える問題。

STEP2 **qualified candidates（資格要件を満たす候補者）** に求められるスキルが列挙されている第2段落を見ると、冒頭文では時間管理をしながら仕事をこなしていく能力が、第2文では **computer literacy（コンピューターの知識〔技能〕）** とコミュニケーション能力がそれぞれ必須条件として挙げられているが、続く第3文に Above all, the position requires that you are or have recently been employed in a graphic design company. (和訳❷) とあるので、グラフィックデザインの会社での勤務経験が最も大事な資格要件だとわかる。

STEP3 よって、それを **relevant work experience（関連する職務経験）**

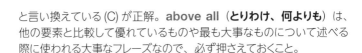

と言い換えている (C) が正解。**above all（とりわけ、何よりも）**は、他の要素と比較して優れているものや最も大事なものについて述べる際に使われる大事なフレーズなので、必ず押さえておくこと。

 **15.** ヴァルコニック・ゲームズ社の求人において最も大事な資格要件は何ですか?
(A) コンピューターの操作能力　　　　(B) 時間管理能力
(C) 関連する仕事経験　　　　　　　　(D) ゲーム業界の知識

スコアアップのポイント

求人広告では、募集職種ごとに必須条件と優遇条件（あれば望ましい条件）を正しく読み取ることが大事です。必須条件Xは「X is required.」「X is a requirement.」「X is a must.」「〜 must have X.」「〜 need to have X.」で、優遇条件Yは「Y is a plus.」「Y is preferred.」のかたちで記載されることが多いということを押さえておきましょう。

Q16. 正解 (A) 　　　　　　　　　　　　　　　正答率 ▶▶ 89%

3ステップ解説

STEP1 本文で使われている good に最も意味が近いものを答える問題。

STEP2 形容詞の good には①「良い」、②「上手な」、③「楽しい」、④「役立つ」、⑤「有効な」などの意味があるが、ここでは This want ad is good for a month（和訳❸）と、期間を表す for a month が続いていることから、want ad（求人広告）の有効期間を伝える⑤の意味で good が使われていると判断できる。

STEP3 よって、同じ意味を持つ (A) の valid（有効な）が正解。

 **16.** 第3段落1行目の "good" に最も意味の近い語は?
(A) 有効な　　　　　　　　　　　　　(B) 役に立つ
(C) 熟練した　　　　　　　　　　　　(D) 感じのよい

スコアアップのポイント

同義語問題に選ばれる単語は基本的に多義語であるため、その単語が持ついくつかの意味の中から文脈に合うものを特定する必要があります。したがって、同義語問題に強くなるためには日頃から単語が持つ複数の意味を覚えようと心がけることが大事です。それをサポートするため、本書の「キーワードをチェック!!」では、多義語の場合1つの単語に対して（TOEICという観点で押さえておくべき）複数の意味を掲載しています。そのすべての意味を言えるようになるまで繰り返し復習しましょう。

Keep it up!

for over a **decade**

キーワードをチェック!!

⬇16

☐ leak	リーク [líːk]	動 自 漏れる、流出する　他 ~を漏らす、流出させる　名 C 漏れること
☐ urgent	アージェント [áːrdʒənt]	形 急ぎの、緊急の
☐ immediately	イミーディエトリィ [imíːdiətli]	副 すぐに、直ちに
★ ☐ plumber	プラマ [plʌ́mər]	名 C 配管工 (配管の設置や修理、清掃などを行う作業員)
☐ detect	ディテクト [ditékt]	動 他 ~を見つける
★ ☐ duration	デュレイシャン [djuréiʃən]	名 UC (継続) 期間
☐ cloudy	クラウディ [kláudi]	形 ①曇った　②(水などが) 濁った
☐ those	ゾウズ [ðóuz]	代名 ①あれら、それら (that の複数形) ②人々 同 people　形 それらの
★ ☐ permit	パーミット [pə́ːrmit] パーミット [pərmít]	名 C 許可証 動 他 ~を許可する、認める
★ ☐ still	スティル [stíl]	副 ①まだ　②それでもやはり、~にもかかわらず 形 ①動かずにいて　②静かで穏やかな
☐ progress	プラーグレス [prάːgres]	名 UC 前進、進歩
☐ outdated	アウトデイティッド [autdéitid]	形 時代遅れの、旧式の
★ ☐ equipment	イクウィプメント [ikwípmənt]	名 UC 機器、機材
☐ drainage	ドレイニッジ [dréinidʒ]	名 UC 排水
★ ☐ locate	ロウケイト [lóukeit]	動 他 ①~を置く ②~の場所を特定する
★ ☐ deal with ~		~に対処する、取り組む
☐ please note that ~		~にご留意ください
★ ☐ adjacent to ~		~に隣接した
☐ in view of ~		~を考慮して

意識すべきポイントをチェック!!

❶ 設問数&文書タイプの確認

Questions **17-19** refer to the following **memo**.

Point 誰が何のために社内連絡を書いたのか意識しながら読む。

❷ レイアウトの確認

Point 本文に1文挿入問題の空所 **[1]** ～ **[4]** が空いていることを確認する。

Point 2つの段落で構成されていることを確認する。

🐾 **戦略** 「1文挿入問題で与えられている1文」と「最初の設問」を両方チェックしてから本文を読み始める! (P26 参照)

❸ 設問文の確認

Point 1文挿入問題の1文→最初の設問の順にチェックする。

19. In which of the positions marked [1], [2], [3], and [4] does the following sentence best belong?
"**XXXXXXXXXXXXXXXXXXXXXXXXXXXXXXXXX.**"

17. According to the memo, **why** will ...?

Point 1文挿入問題の1文と、最初の設問の内容 (要点) を記憶する。

❹ 本文を読む

```
┌─────────────────────────────────────────┐
│  ヘッダー情報                              │
├─────────────────────────────────────────┤
│ ----------------------------------------- │
│ ----------.─ [1] ─.---------------------. │
│ -------.---------------------------─ [2] ─.-. │
│ ----.─ [3] ─.------------------─ [4] ─.--------. │
│ ---------------------.          第1段落を読み進める │
└─────────────────────────────────────────┘
```

Point 途中で空所が登場するたびに、与えられた1文がその場所に挿入できるか否かを検討する。

❺ 選択肢の確認

Point 設問17の選択肢をチェックして正解を判断する。

❻ 解答する

解答欄にマークする。

Point 設問19は1文が入る空所がわかった時点で解答する。

※設問18についても、同様に**❸**～**❻**を行う (**❹**で読む箇所は本文の続き)

C H A P T E R 1

目標タイム ③ 分

Questions 17-19 refer to the following memo.

To: All Employees
From: Xavier Fellows, Facilities Manager
Date: March 10
Subject: Parking

We have received notice from the city that there is a suspected water pipe leak under our employee parking lot. As this is an urgent matter which needs to be dealt with immediately, the parking lot will be closed from tomorrow morning. — [1] —. This will allow plumbers to scan under the ground to detect the root of the problem. The duration of this work is difficult to predict, but could be one whole day. Please note that the tap water may become cloudy due to the maintenance work. — [2] —. We have made arrangements for car users to park in Harmiston Electricals visitor's lot, adjacent to our office building, tomorrow. — [3] —. In view of this, those using Harmiston's are required to obtain parking permits, which are available from the general affairs department. — [4] —. Still, I would appreciate it if employees who have the option of coming by train or bus to please do so.

I sincerely apologize for the inconvenience. I will give an update on the work progress in a timely manner tomorrow.

17. According to the memo, why will the parking lot be closed?

(A) To replace a piece of outdated equipment
(B) To increase the number of parking spaces
(C) To install an improved drainage system
(D) To locate the source of an infrastructure problem

○ △ ✕   ○ △ ✕   ○ △ ✕
1回目 ☐☐☐   2回目 ☐☐☐   3回目 ☐☐☐

18. What does Mr. Fellows encourage staff to do?

(A) Take public transportation instead
(B) Avoid some sections of the employee parking lot
(C) Share a ride to the office with colleagues
(D) Apply for permission to park on the road

○ △ ✕   ○ △ ✕   ○ △ ✕
1回目 ☐☐☐   2回目 ☐☐☐   3回目 ☐☐☐

19. In which of the positions marked [1], [2], [3], and [4] does the following sentence best belong?

"However, its capacity is less than ours."

(A) [1]
(B) [2]
(C) [3]
(D) [4]

○ △ ✕   ○ △ ✕   ○ △ ✕
1回目 ☐☐☐   2回目 ☐☐☐   3回目 ☐☐☐

CHAPTER 1

CHAPTER 2

CHAPTER 3

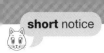

17-19番は次の社内連絡に関するものです。

宛先：　　全従業員
送信者：　ザビエル・フェローズ、施設部長
日付：　　3月10日
件名：　　駐車

当社の従業員用駐車場の下にある水道管から漏水している可能性があると、市から通知を受けました。至急対処すべき緊急案件のため、明日の朝より駐車場を閉鎖いたします。— [1] —。❶これにより、配管工の方々が地下を詳しく調べて問題の根本原因を調査することができます。この作業にかかる期間の予測は難しいですが、丸1日かかる可能性もあります。この修理作業により、水道水が濁る可能性がありますのでご留意ください。— [2] —。❸明日、車の利用者が当社に隣接するハーミストン・エレクトリカルズ社の来客用駐車場に車を停められるよう手配をしました。— [3] —。そのことを考慮すると、ハーミストン社の駐車場を利用する人は総務部で駐車許可証を取得する必要があります。— [4] —。❷とはいえ、電車やバスを利用できる方はそうしていただけるとありがたいです。

ご不便をおかけして誠に申し訳ございません。明日、作業進捗についての最新情報を随時お伝えするようにいたします。

Q17. 正解 (D)　　　　　　　　　　　　正答率 ▶▶ 62%

3ステップ解説

STEP1 駐車場が閉鎖される理由を答える問題。

STEP2 全従業員に宛てた駐車場に関する memo（社内連絡）の第1段落冒頭文および第2文から、**a suspected water pipe leak（疑いのある水道管の水漏れ）**に対処するために、駐車場を閉鎖する予定であることがわかる。また、空所 [1] の直後の文 This will allow plumbers to scan under the ground to detect the root of the problem.（和訳❶）から、駐車場を閉鎖したうえで **plumbers（配管工）**による水漏れの原因調査が行われることがわかる。

STEP3 よって、(D) が正解。**detect the root of（〜の根本原因を突き止める）**が **locate the source of（〜の発生源を特定する）**で、a water pipe leak が **an infrastructure problem（設備基盤の問題）**でそれぞれ言い換えられている。空所 [2] の直前の1文にメンテナンス作業に関する記載はあるが、**outdated equipment（旧式の〔古い〕機器）**を取り換えるとは書かれていないので、(A) は不正解。また、**drainage system（排水設備）**を設置するために駐車場を閉鎖するわけでもないので、(C) も不正解。

設問の訳 **17.** 社内連絡によると、駐車場はなぜ閉鎖されますか?
(A) 老朽化した設備を交換するため
(B) 駐車スペースの数を増やすため
(C) 改良された排水システムを導入するため
(D) インフラ設備の問題の原因を特定するため

✍ スコアアップのポイント

locate は①「〜を置く」②「〜の場所を特定する」という2つの意味を押さえておく必要があります。Part 7 において①は、〈建物〉is located in[on/at] + 〈場所〉.（〈建物〉が〈場所〉にある〔置かれている〕）のかたちで登場します。②は、**locate a missing suitcase（行方不明のスーツケースを見つける）**、**locate information（情報を見つける）**といったフレーズで押さえておきましょう。

Q18. 正解 (A)　　　　　　　　　　　　正答率 ▶▶ 84%

3ステップ解説

STEP1 Fellows さんが従業員に促していることを答える問題。

STEP2 空所 [4] の直後の1文を見ると、Still, I would appreciate it if employees who have the option of coming by train or bus to please do so.（和訳❷）とあり、電車やバスで出社するよう従業員に

促していることがわかる。

STEP3 よって、(A) が正解。train or bus を **public transportation**（**公共交通機関**）と言い換えている。駐車場は some sections（ある〔一部の〕区画）だけが使用不可になるのではなく、全体的に閉鎖されてしまうので、(B) は不正解。また、空所 [3] の直前の1文で、隣接する Harmiston Electricals 社の来客用駐車場を使用できる旨伝えていることから、車での出社も可能であることがわかるが、社員同士で **share a ride**（**〔車などに〕相乗りする**）よう促されているわけではないので、(C) も不正解。さらに、空所 [4] の直前で、**parking permits**（**駐車許可証**）の取得を促してはいるが、これは路上に駐車するために必要なものではなく、Harmiston Electricals 社の来客用駐車場を利用するために必要なものなので、(D) も不正解。

〔設問の訳〕 **18.** フェローズさんはスタッフに何をするよう勧めていますか？
(A) 代わりに公共交通機関を利用する
(B) 従業員用駐車場の一部の区画を避ける
(C) オフィスまで同僚と相乗りする
(D) 路上駐車の許可を申請する

☞スコアアップ♪のポイント

Still, ...（それでも〔やはり〕、…）は、直前の文とは異なる要望を相手に伝えたり、できることなら選んで欲しい選択肢を相手に提示する際に使われます。この接続副詞（接続詞のように働く副詞）としての still の用法を押さえておくと読解力がアップします。

Q19. 正解 (C)　　　　　　　　　　　正答率 ▶▶ **73**%

〔3ステップ解説〕

STEP1 与えられた1文を挿入する適切な位置を答える問題。

STEP2 1文を見ると、正解を特定するうえで大事なポイントとなるキーワードが2つ含まれている。1つ目は文頭にある逆接・対比の接続副詞 however（しかしながら）で、its capacity is less than ours と対照的な内容が直前の1文にくることを表す。2つ目のキーワードは its capacity の its で、この代名詞が指すものが直前の（それより前の）1文になければならない。空所 [3] の直前の1文を見ると、We have made arrangements for car users to park in Harmiston Electricals visitor's lot, adjacent to our office building, tomorrow.（和訳❸）と、隣接する Harmiston Electricals 社の来客用駐車場の利用手配を済ませている旨を伝えているので、直後の空所 [3] に与えられた1文を入れれば、its が Harmiston Electricals visitor's lot を指して「し

かしながら、Harmiston Electricals 社の来客用駐車場の収容可能台数は当社のものよりも少ない」と、直前の1文と対照的な内容となり文意を成す。また、直後の1文とのつながりもよい。

STEP3 よって、(C) が正解。[1] に入れた場合は its が直前の the parking lot を指すが、自分たちの駐車場について収容可能台数を比較することになるので不自然。[2] に入れた場合は明らかに文意が成り立たない。[4] に入れた場合は、複数形の parking permits を its で受けることはできないので、its は **the general affairs department（総務部）**を指すことになるが、文意が通らないので不適切。

設問の訳 **19.** [1]、[2]、[3]、[4] のうち、次の文が入る最も適切な箇所はどこですか?

「しかしながら、その収容可能台数は当社のものよりも少ないです。」

(A) [1]
(B) [2]
(C) [3]
(D) [4]

スコアアップのポイント

1文挿入問題の解法（P26 参照）を実践すると、問題セット（文書）によっては設問1よりも先に1文挿入問題に解答できることがあります。それは、経験上 [1] の空所に1文が入る（つまり (A) が正解になる）ケースですが、その場合、先に1文挿入問題の解答欄にマークしてしまって構いません。もちろん、解答に自信がない場合は (A) を正解候補にして読み進め、確信が持てたタイミングでマークすればOKです。

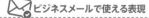ビジネスメールで使える表現

I sincerely apologize for the inconvenience.
（ご不便をおかけして誠に申し訳ございません。）

I will give an update on the work progress in a timely manner.
（作業進捗についての最新情報は随時お伝えいたします。）

city **landmarks**

キーワードをチェック!! ⬇18

	☐ innovative	イナヴェイティヴ [ínəveitiv]	形 革新的な
★	☐ subscription	サブスクリプシャン [səbskrípʃən]	名 C UC (雑誌などの) 定期購読
★	☐ periodical	ピェリアディカル [piəriádikəl]	名 C 定期刊行物
★	☐ exclusive	イクスクルースィヴ [iksklú:siv]	形 ①排他的な ②独占的な ③唯一の ④高級な ⑤ (会員などに) 限定の
	☐ wholeheartedly	ホウルハーティッドリィ [houlhá:rtidli]	副 心から
★	☐ accessible	アクセサブル [æksésəbl]	形 ① (場所に) 行きやすい ② (システムなどに) 接続可能な ③ (商品などを) 入手しやすい ④ (価格が) 手頃な
★	☐ multiple	マルティプル [mʌ́ltipl]	形 多数の、複数の 同 numerous [njú:mərəs] ニューマラス
	☐ device	ディヴァイス [diváis]	名 C 機器、装置
★	☐ particular	パーティキュラー [pərtíkjulər]	形 ①特定の ②好みのうるさい
	☐ refund	リーファンド [rí:fʌnd] リファンド [rifʌ́nd]	名 C 返金 動 他 ～を返金する
	☐ for a flat fee		均一料金で
★	☐ sign up (for ~)		(～に) 申し込む
	☐ no longer ~		もはや～でない

意識すべきポイントをチェック!!

❶ 設問数&文書 タイプの確認

Questions **20-22** refer to the following **e-mail**.

Point 誰が何のためにメールを出したのかを意識しながら読む。

❷ レイアウトの 確認

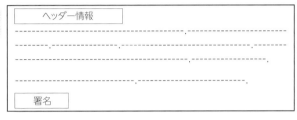

> ヘッダー情報
>
> --
> ----------.-----------------.-------------------------------.---------
> --.
>
> --------------------------------.----------------------------.
>
> 署名

Point 2つの段落で構成されていることを確認する。
Point ヘッダー情報を見て送受信者名、日付、件名、添付ファイルの有無を、署名を見て送信者の役職、会社名などを確認する。

❸ 設問文の 確認

20. **Why** ...?
21. **What** is indicated about ...?

Point 設問で問われている内容 (要点) を記憶する (最初の2問のみ)。
Point 設問21は **indicated** が使われているので、あまり推測する必要はないと判断する。

戦略 設問内容と各段落の文章量を考慮して、第1段落を読んで設問20, 21に解答できないかトライ!

❹ 本文を読む

Point 戦略に沿って本文を読み進める。読み始めた段落はできるだけ最後まで読んで選択肢の確認に移る方がよいが、段落の文章量が多い場合は、正解の根拠となる1文や表現が出てきたところでいったん読むのをやめて❺の作業に移ってもよい。

❺ 選択肢の 確認

Point 本文の内容の言い換えや誤答の選択肢のひっかけに注意しながらそれぞれの選択肢をチェックして正解を判断する。

❻ 解答する

解答欄にマークする。

※設問22についても、同様に❸〜❻を行う (❹で読む段落は先に進める)

Questions 20-22 refer to the following e-mail.

🔽19

From:	Swiftly Media Customer Service
To:	Keith Maloney <kmaloney@caymail.com>
Date:	March 1
Subject:	Version 2.0

Dear Mr. Maloney,

Later this month, Swiftly Media will release a greatly improved version of its e-reading software, KeenReader. We are reaching out to past subscribers like you as we are sure the innovative changes will make you want to restart your monthly subscription. The new version will roll out on March 12, and as before it will allow you to read from a huge variety of periodicals, novels, and research papers for a flat fee. But now, users will be able to view reading material from any tablet, personal computer, or smartphone once KeenReader is installed. The user interface has also been streamlined to give more screen space to the material. Subscribers can read digital content offline within one month of downloading them.

To make it an even better time to sign up, we'll halve your first month's fee to just $9.00. This exclusive offer is available from the launch date until the end of this month. Just enter the promotional code KR02PC on our Web site when purchasing. We are wholeheartedly looking forward to serving you again.

Sincerely,

Swiftly Media Customer Service

20. Why was the e-mail sent?

(A) To ask a customer to continue a subscription
(B) To promote a recently published book
(C) To explain a product registration issue
(D) To persuade a previous customer to return

○ △ ✕　　　○ △ ✕　　　○ △ ✕
1 回目 ☐☐☐　2 回目 ☐☐☐　3 回目 ☐☐☐

21. What is indicated about the latest version of KeenReader?

(A) It is accessible from multiple devices.
(B) It is downloadable from the Swiftly Media Web site.
(C) It is less expensive than other e-reading applications.
(D) It is recommended for subscribers of all ages.

○ △ ✕　　　○ △ ✕　　　○ △ ✕
1 回目 ☐☐☐　2 回目 ☐☐☐　3 回目 ☐☐☐

22. What will happen on April 1?

(A) A promotional campaign will be launched.
(B) A particular code will be no longer available.
(C) New software will be made available for purchase.
(D) A subscription will be refunded by Swiftly Media.

○ △ ✕　　　○ △ ✕　　　○ △ ✕
1 回目 ☐☐☐　2 回目 ☐☐☐　3 回目 ☐☐☐

CHAPTER 1

CHAPTER 2

CHAPTER 3

20-22番は次のメールに関するものです。

送信者：	スウィフトリー・メディア社　顧客サービス
宛先：	キース・マロニー <kmaloney@caymail.com>
日付：	3月1日
件名：	バージョン2.0

マロニー様

今月、スウィフトリー・メディアは電子書籍ソフトであるキーンリーダーの大幅改良版を発売いたします。❶弊社はお客様のような過去に定期購読をご利用いただいたお客様にご案内しておりますが、それはこの革新的な変更によって月間購読を再開していただけると確信しているからです。この新バージョンは3月12日に発売予定で、これまで同様、さまざまな定期購読誌や小説、論文を定額料金でご購読可能です。❷ただこれからは、キーンリーダーをインストールしていただくと、利用者はどのようなタブレット端末、パソコン、スマートフォンからでもコンテンツをご覧いただけます。また、コンテンツのための画面スペースをさらに大きく設けられるようにユーザーインターフェイスを簡素化いたしました。❸定期購読者はダウンロード後1か月間、オフラインで電子コンテンツをお読みいただけます。

さらによいお申込みの機会としていただきたく、❹最初の月間料を半額のたった9ドルでご提供いたします。❺この限定の値引きは発売日から今月末までご利用いただけます。❻ご購入時に弊社ウェブサイト上で割引コードKR02PCをご入力いただくだけです。またサービスを提供させていただける日を心より楽しみにしております。

何卒よろしくお願い申し上げます。

スウィフトリー・メディア社　顧客サービス

Q20. 正解 (D)　　　　　　　　　　　　　　正答率 ▶▶ 67%

3ステップ解説

STEP1 メールが送られた理由を答える問題。

STEP2 第1段落冒頭文で、大幅に機能改善された KeenReader という電子書籍用ソフトウェアの発売予定について触れたあと、第2文で We are reaching out to past subscribers like you as we are sure the innovative changes will make you want to restart your monthly subscription. (和訳❶) と案内していることから、過去の KeenReader 利用者である Maloney さんに定期購読を再開してもらおうとしてこのメールが送られたことがわかる。

STEP3 よって、(D) が正解。**past subscriber（過去の定期購読者）**を **previous customer（以前の顧客）**と言い換えている。このメールは、現在定期購読中の人に対して購読の継続を依頼するために送られているわけではないので、(A) は不正解。

設問の訳　**20.** このメールはなぜ送られましたか?
(A) 顧客に定期購読の継続を依頼するため
(B) 最近出版された本を宣伝するため
(C) 製品登録の問題について説明するため
(D) 過去の顧客を説得して再び定期購読をしてもらうため

✍ スコアアップ♪のポイント

subscriber を「定期購読者」とだけ覚えるのは初中級者です。上級者の仲間入りをしたい場合は「①（新聞・雑誌などの）定期購読者、②（劇・コンサートなどの）定期会員、③（インターネット・ケーブルテレビ・電話などの）加入者」と覚えましょう。なお、subscribe は sub（下に）+scribe（書く）なので、①〜③に共通するのは契約書の下にある署名欄にサインを書くということです。

Q21. 正解 (A)　　　　　　　　　　　　　　正答率 ▶▶ 87%

3ステップ解説

STEP1 KeenReader の最新版について言えることを答える問題。

STEP2 第1段落8〜10行目を見ると、But now, users will be able to view reading material from any tablet, personal computer, or smartphone once KeenReader is installed. (和訳❷) とあるので、以前のバージョンとは違って、さまざまな端末で電子書籍を読むことができるようになったことがわかる。

STEP3 よって、(A) が正解。tablet, personal computer, or smartphone を **multiple devices（複数の機器）**と言い換えている。ここで

の accessible は「接続可能な」という意味。第1段落最終文に Subscribers can read digital content offline within one month of downloading them. (和訳❸) とあるが、ここで述べているダウンロードの対象はデジタルコンテンツであって、最新版の KeenReader ではないので、(B) は不正解。また、第2段落冒頭文に we'll halve your first month's fee to just $9.00 (和訳❹) とあるが、この1文から最新版の KeenReader が他の電子書籍用アプリケーションよりも安いかどうかは判断できないので、(C) も不正解。

設問の訳 **21.** キーンリーダーの最新版について何が述べられていますか?
(A) 複数の機器からアクセスすることができる。
(B) スウィフトリー・メディア社のウェブサイトからダウンロードできる。
(C) 他の電子書籍アプリよりも安い。
(D) 全ての年代の購読者に薦められている。

Q22. 正解 (B) 正答率 ▶▶ **79**%

3ステップ解説

STEP1 4月1日に何が起きるかを答える問題。

STEP2 第2段落第2文を見ると、This exclusive offer is available from the launch date until the end of this month. (和訳❺) とある。この **exclusive offer**（**[対象者] 限定の値引き**）は直前の文で紹介している半額サービスのことであり、**the launch date**（**発売日**）は第1段落5～6行目から3月12日、the end of this month はこのメールが書かれた日付から3月31日をそれぞれ指すので、半額サービスを受けるには3月12日から3月31日の間に定期購読を申し込まなければならないことがわかる。これを踏まえて、続く第3文を見ると Just enter the promotional code KR02PC on our Web site when purchasing. (和訳❻) とあるので、販売促進用のコードも3月31日まで有効で、4月1日からは無効になることがわかる。

STEP3 よって、(B) が正解。販売促進用のコードKR02PCを **a particular code**（**特定のコード**）と言い換えている。

設問の訳 **22.** 4月1日に何が起こりますか?
(A) 宣伝キャンペーンが開始される。
(B) ある特定のコードが利用できなくなる。
(C) 新しいソフトが購入できる。
(D) スウィフトリー・メディア社から購読料が返金される。

☝スコアアップ♪のポイント

promotional code 付きの期間限定割引サービスは、サービス終了日の翌日に promotional code が無効になるということを押さえておくとスコアアップにつながります。

C
H
A
P
T
E
R
1

C
H
A
P
T
E
R
2

C
H
A
P
T
E
R
3

ビジネスメールで使える表現
- -
We are wholeheartedly looking forward to serving you again.
（またサービスを提供させていただける日を心より楽しみにしております。）

incur an expense

キーワードをチェック!!

⬇20

☐ fabric	ファブリック [fǽbrik]	名 C UC 生地、織物
☐ exact	イグザクト [igzǽkt]	形 ①(説明などが)正確な、(数字などが)ちょうどぴったりの ②(強調して)まさにその
★ ☐ function	ファンクシャン [fʌ́ŋkʃən]	名 C UC 役割 C ①(機器などの)機能 ②行事、催し物
☐ shade	シェイド [ʃéid]	名 UC 日陰 C ①日よけ、日傘 ②色合い
★ ☐ certain	サートゥン [sə́ːrtn]	形 ①ある、特定の ②確信して
☐ circumstance	サーカムスタンス [sə́ːrkəmstæns]	名 C 状況 注 通例 circumstances
★ ☐ representative	レプリゼンタティヴ [reprizéntətiv]	名 C 担当者、代表者 参 略語は rep
☐ handle	ハンドル [hǽndl]	動 他 ①~を扱う ②~に対処する
☐ forgive	ファギヴ [fərgív]	動 他 ~を許す
★ ☐ settle	セトゥル [sétl]	動 他 自 ①~を(が)解決する ②~を(が)決定する ③(新しい場所や環境など)に落ち着かせる、落ち着く
☐ get rid of ~		~を取り除く
★ ☐ live with ~		①~と共に暮らす ②(困難な状況など)を受け入れる
☐ go to the trouble of ~		わざわざ~する
★ ☐ owe A B		Aに(対して)Bの義務を負っている
★ ☐ as to ~		~に関して、~について

96

意識すべきポイントをチェック!!

❶ 設問数&文書 タイプの確認

Questions **23-25** refer to the following **post**.

Point 誰が何を投稿したのかを意識しながら読む。

❷ レイアウトの 確認

Point 1つの段落のみで構成されていることを確認する。

❸ 設問文の 確認

23. **What** does ... **NOT** ...?
24. In paragraph 1, line 12, the phrase "**XXX**" is closest in meaning to

Point 設問で問われている内容 (要点) を記憶する (最初の2問のみ)。
Point 設問23は**NOT問題**なのでP24のポイントを意識する。
Point 設問24は**同義語問題**なのでP23のポイントを意識する。

戦略　同義語問題の場所 (第1段落12行目) の手前まで読み進め て、設問23に解答できるかトライ!そのあと、第1段落12行 目前後の文を確認して設問24の同義語問題にトライする。

❹ 本文を読む

---.------------------------------.-------
------------------------------ 同義語問題の場所を.
--------------------.-------- **XXX** ------目指して読み進める-
-------------.----------------------------
------------------.------------------------

❺ 選択肢の 確認

Point 本文の内容の言い換えや誤答の選択肢のひっかけに注意しな がら**それぞれの選択肢をチェックして正解を判断**する。

❻ 解答する

解答欄に**マーク**する。

※設問25についても、同様に❸〜❻を行う (❹で読む箇所は本文の続き)

C
H
A
P
T
E
R
1

C
H
A
P
T
E
R
2

C
H
A
P
T
E
R
3

clarify a work schedule

目標タイム 3 分

Questions 23-25 refer to the following post. ⬇21

http://www.anderson-home.co.uk/customervoices

Thread>Disappointed
Posted on 23 October 3:12 P.M. by Angelika Puuki

I purchased a two-seater fabric sofa from Anderson Home's Web site five days ago. I was concerned about buying online because I wanted to be sure of the type of material and the exact color. The customer agent on the site's chat function was very helpful and sent me a sample in the mail. I was impressed by the standard of the fabric and the light blue color was exactly what I was looking for. The sofa arrived today, which was much quicker than I expected. That was really helpful as I had already gotten rid of my old one. However, after the delivery guys left I noticed the shade of color was somewhat darker than expected — very disappointing! I can live with it and don't want to go to the trouble of getting the sofa exchanged or asking for a refund. But I think you owe me an explanation as to why this happened and I would need strong assurances from Anderson that there would be no repeat of this before I would consider using your site in the future.

23. What does Ms. Puuki NOT mention in her post?

(A) Range of products
(B) Customer service
(C) Quality of material
(D) Speed of shipping

○ △ ×　　　　○ △ ×　　　　○ △ ×
1回目 ☐☐☐　2回目 ☐☐☐　3回目 ☐☐☐

24. In paragraph 1, line 12, the phrase "live with" is closest in meaning to

(A) handle
(B) forgive
(C) accept
(D) settle

○ △ ×　　　　○ △ ×　　　　○ △ ×
1回目 ☐☐☐　2回目 ☐☐☐　3回目 ☐☐☐

25. What is suggested about Ms. Puuki?

(A) She needs to have her items replaced as soon as possible.
(B) She will demand her money back from Anderson Home.
(C) She might use the online store again in certain circumstances.
(D) She wants a customer service representative to cancel her order.

○ △ ×　　　　○ △ ×　　　　○ △ ×
1回目 ☐☐☐　2回目 ☐☐☐　3回目 ☐☐☐

CHAPTER 1

CHAPTER 2

CHAPTER 3

23-25番は次の投稿に関するものです。

---

http://www.anderson-home.co.uk/customervoices

スレッド > がっかりです
投稿日時 10月23日　午後３時12分 投稿者 アンジェリカ・プーキ

私は５日前に、２人用ファブリックソファーをアンダーソン・ホームズ社のウェブサイトから購入しました。素材の種類と実際の色について確認したかったので、オンラインで購入することに対して不安がありました。❶チャット機能での接客担当の方がとても親身になってくださり、郵送でサンプルを送ってくださいました。❷素材の品質レベルには感心しましたし、見本の水色は私がまさに探していた色でした。❸ソファは思っていたよりもずっと早く本日届きました。すでに古いものを処分していたので、本当に助かりました。しかし、配達員の方々が帰った後、❹色合いが思っていたよりも少し暗いことに気付きました。とてもがっかりです！　その色味であっても甘んじて受け入れることはできるので、❺ソファの交換や払い戻しをお願いするといった面倒は避けたいと思います。ただし、❻なぜこのようなことが起きたのかについて御社は私に説明する義務があると思いますし、今後同じサイトの利用を検討する前に、こういったことはもう二度と起こらないことをアンダーソン社に保証していただきたいです。

Q23. 正解 (A)　　　　　　　　　　　　　正答率 ▶▶ 72%

3ステップ解説

STEP1 投稿の中で Puuki さんが言及していないものを答える問題。

STEP2 NOT問題なので、選択肢と本文の内容を照らし合わせて、本文の内容と合わない選択肢を1つ選ぶ。(B) の顧客サービスについては、投稿の4〜6行目の The customer agent on the site's chat function was very helpful and sent me a sample in the mail. (和訳❶) で顧客担当者の対応を評価している。(C) の素材の品質については6行目の I was impressed by the standard of the fabric (和訳❷) で、(D) の配送スピードについては8〜9行目の The sofa arrived today, which was much quicker than I expected. (和訳❸) でそれぞれ触れられている。

STEP3 製品の品揃えについての記載は見当たらないので、(A) が正解。

設問の訳 **23.** プーキさんが投稿の中で述べていないことは何ですか?
(A) 製品の品揃え　　　　　　　　(B) 顧客サービス
(C) 素材の品質　　　　　　　　　(D) 発送の速さ

Q24. 正解 (C)　　　　　　　　　　　　　正答率 ▶▶ 71%

3ステップ解説

STEP1 本文で使われている live with に最も意味が近いものを答える問題。

STEP2 一般的に live with は「〜と一緒に暮らす」という意味で使われることが多いが、ここでは直前の文 I noticed the shade of color was somewhat darker than expected (和訳❹) にある **the shade of color (色合い、色味)** を it で受けて I can live with it と書いているので、「その色合いと一緒に暮らすことができる」では文意を成さない。そこで I can live with it の続きを確認すると、and don't want to go to the trouble of getting the sofa exchanged or asking for a refund (和訳❺) とあり、交換や返金を望んでいないことから、この I can live with it は「その色味であっても甘んじて受け入れます」という意味だと判断できる。

STEP3 よって、(C) の accept (〜を受け入れる) が正解。(A) の **handle** は「**〜を扱う、〜に対処する**」、(B) の **forgive** は「**(人) を許す**」、(D) の **settle** は「**〜を解決する、(新しい場所や環境など) に落ち着かせる**」という意味。

設問の訳 **24.** 第1段落12行目の "live with" に最も意味の近い語は?
(A) 対処する　　　　　　　　　　(B) 許す
(C) 受け入れる　　　　　　　　　(D) 解決する

Q25. 正解 (C)   正答率 ▶▶ **72**%

[3ステップ解説]

STEP1 Puuki さんについて推測できることを答える問題。

STEP2 投稿の最終文を見ると、I think you owe me an explanation as to why this happened and I would need strong assurances from Anderson that there would be no repeat of this before I would consider using your site in the future (和訳❻) とある。**you owe me an explanation は「あなた（の会社）は私に対して説明する義務を負っている」、as to は「~に関して」**という意味なので、前半部分はサンプルと実物の色合いが異なっていたことについてその説明を求めていることがわかる。また、後半部分は、将来再びオンライン店舗を利用するにあたり、二度と同じことを繰り返さないという保証をAnderson Home 社に求めている。

STEP3 つまり、Anderson Home 社から Puuki さんに対してきちんとした説明と保証があれば、Puuki さんは再び同社のオンライン店舗を利用する可能性があると言えるので、(C) が正解。**in certain circumstances は「ある状況において」**という意味で、ここではAnderson Home 社から Puuki さんに説明と保証がされている状況を指すと考えることができる。

[設問の訳] **25.** プーキさんについて何が示唆されていますか?
  (A) 商品をすぐに交換してもらう必要がある。
  (B) アンダーソン・ホーム社からの返金を求める。
  (C) 特定の状況において、再度オンラインストアを利用するかもしれない。
  (D) 顧客サービス担当者に注文のキャンセルをしてほしい。

👆スコアアップ⤴のポイント

certain は①「ある、特定の」という意味と、②「確信して」という意味でTOEICに頻出します。**a certain date（ある特定の日）や certain employees（特定の従業員）**のように certain を名詞の前に置いて使う場合は①の意味になり、**He is certain of his success.（彼は自身の成功を確信している）や I am certain that Mr. Chen is correct.（私は Chen さんが正しいと確信している）**のように be certain of/about/that のかたちで使う場合は②の意味になります。

Good work!

past **subscribers**

キーワードをチェック!! 📥22

★	□ decade	デケイド [dékeid]	名 C 10年 (間)
★	□ acquisition	アクエズィシャン [ækwəzíʃən]	名 C UC (企業などの) 買収
	□ effective	イフェクティヴ [iféktiv]	形 ①効果的な ②(規則などが) 有効で
★	□ existing	イグズィスティング [igzístiŋ]	形 既存の
★	□ besides	ビサイズ [bisáidz]	前 ①〜に加えて 同 in addition to ②〜以外に 同 except 副 その上、さらに 同 moreover, furthermore
	□ treadmill	トレッドミル [trédmil]	名 C ランニングマシン
	□ customize	カスタマイズ [kʌ́stəmaiz]	動 他 〜を自分の好みに合わせて変更する
	□ registration	レジストレイシャン [redʒistréiʃən]	名 UC 登録
★	□ patronage	ペイトラニッジ [péitrənidʒ]	名 UC ひいき、引き立て
★	□ merger	マージャー [mə́ːrdʒər]	名 C 合併
	□ personalized	パーサナライズド [pə́ːrsənəlaizd]	形 個人の好みに合わせて変更された (作られた)
★	□ establishment	イスタブリシュメント [istǽbliʃmənt]	名 C 施設、機関 UC 設立すること
	□ questionnaire	クウェスチョネァー [kwestʃənéər]	名 C アンケート 同 C survey
★	□ be dedicated to 〜		①〜に捧げられて ②〜に尽力して
	□ across the country		全国に、国中に 同 across the nation
	□ to this end		この目的で
	□ at any time		いつでも 同 anytime
★	□ in person		自ら出向いて、直接

104

意識すべきポイントをチェック!!

❶ 設問数&文書タイプの確認

Questions **26-28** refer to the following **letter**.

Point 誰が何のために手紙を書いたのかを意識しながら読む。

❷ レイアウトの確認

```
                    ┌─────────────┐
                    │  レターヘッド  │
                    └─────────────┘
---------------------------------------.-----------------.---------
----------------.---------------------------.
------------------------------.-----------------------.------------
-----------.-----------------------------------------------.
-----------------------------------.-----------------.--
------------------------------------.
┌──────┐
│  署名  │
└──────┘
```

Point レターヘッドと署名に記載されている情報を確認する。
Point 4つの段落で構成されていることを確認する。

❸ 設問文の確認

26. **What** is **the purpose** of the letter?
27. **What** is **suggested** about ...?

Point 設問で問われている内容 (要点) を記憶する (最初の2問のみ)。
設問26は **the purpose** なので P23 のポイントを意識する。
設問27は **suggested** が使われているので推測して答える。

戦略 設問内容と各段落の文章量を考慮して、第1段落を読んで設問26、第2段落を読んで設問27に解答できないかトライ!

❹ 本文を読む

Point 戦略に沿って本文を読み進める。読み始めた段落はできるだけ最後まで読んで選択肢の確認に移る。

❺ 選択肢の確認

Point 本文の内容の言い換えや誤答の選択肢のひっかけに注意しながらそれぞれの選択肢をチェックして正解を判断する。

❻ 解答する

解答欄にマークする。

※設問28についても、同様に❸〜❻を行う (❹で読む段落は先に進める)

a **keynote** speaker

 目標タイム3分

Questions 26-28 refer to the following letter.   23

Bowyer Fitness Centres
94 Corbett Ave., Manchester M9 5RQ

8 May

Dear Bowyer Fitness Centres Member:

Bowyer Fitness Centres (BFC) has been dedicated to providing you with the best gym facilities and workout classes for over a decade. With branches across the country, we serve and motivate thousands of members each day to lead a healthy lifestyle and reach their goals. BFC is constantly looking for ways to improve our services and make it even easier to access a gym. To this end, we are delighted to announce the acquisition of T-MAXX Gyms, bringing them into the BFC family, effective 1 June.

For existing members, this means twenty more gym outlets will become available with no additional fee. Besides, you will be able to use T-MAXX's unique health monitoring treadmills at any time and you can use the data from the machines to customize your training routine.

A formal re-branding of T-MAXX Gyms into BFC will happen in the fall. Until then, members who wish to access the T-MAXX branches need to complete a simple registration form at any BFC location. You will then receive a temporary joint membership card. You can find more information on the new options and facilities by visiting our Web site at www.bowyerfitnesscentres.co.uk.

Thank you for your continued patronage.

Sincerely,

Bowyer Fitness Centres

26. What is the purpose of the letter?

(A) To promote a gym's membership program
(B) To inform customers about a business merger
(C) To announce the replacement of a company owner
(D) To celebrate the opening of a new branch

○ △ ✕   ○ △ ✕   ○ △ ✕
1回目 □□□   2回目 □□□   3回目 □□□

27. What is suggested about T-MAXX Gyms?

(A) It has equipment which BFC does not have.
(B) It offers personalized services to its members.
(C) It has been in business for more than ten years.
(D) It will close some business establishments on June 1.

○ △ ✕   ○ △ ✕   ○ △ ✕
1回目 □□□   2回目 □□□   3回目 □□□

28. According to the letter, what should customers do to use additional facilities?

(A) Visit a company's Web site
(B) Upgrade to a premium membership
(C) Complete a questionnaire form
(D) Go to one of the BFC locations in person

○ △ ✕   ○ △ ✕   ○ △ ✕
1回目 □□□   2回目 □□□   3回目 □□□

26-28番は次の手紙に関するものです。

ボイヤー・フィットネスセンター
コルベット通り　94番地　マンチェスター M9 5RQ

5月8日

ボイヤー・フィットネスセンター会員各位

ボイヤー・フィットネスセンター（BFC）は10年以上にわたり、最高のジム設備とトレーニング教室を提供することに尽力してまいりました。全国に支店を構え、弊社は皆さまが健康な生活スタイルを送り目標を達成できるよう、毎日何千人もの会員様にサービスを提供し、動機付けをしてまいりました。❶BFCはサービスを向上させ利便性をさらに高めるための方法を常に模索しております。この目的のために、❷弊社は6月1日付で、T-MAXX ジムを買収し、同社をBFCファミリーに迎え入れることを発表いたします。

現会員の皆さまにおかれましては、追加料金なしでさらに20店舗のジム施設をご利用いただけます。さらに、❸T-MAXX 独自の健康管理ランニングマシンをいつでも利用することができ、❹そのデータを使ってトレーニングメニューをカスタマイズしていただくこともできます。

T-MAXX ジムが正式にBFCへ再ブランド化されるのは今年の秋です。それまでの間、❺T-MAXX の店舗のご利用を希望される会員様は、BFCのいずれかの店舗で簡単な登録用紙にご記入いただく必要があります。その後、臨時の共同会員カードを受け取ります。新しいオプションや施設に関するさらなる情報につきましては、弊社ウェブサイト（www.bowyerfitnesscentres.co.uk）にアクセスしてください。

皆様の変らぬご愛顧に感謝申し上げます。

ボイヤー・フィットネスセンター

Q26. 正解 (B) 　　　　　　　　　　　　　正答率 ▸▸ **89%**

〔3ステップ解説〕

STEP1 手紙の目的を答える問題。

STEP2 Bowyer Fitness Centres (BFC) の会員に宛てて書かれた手紙の第1段落5行目以降で BFC is constantly looking for ways to improve our services and make it even easier to access a gym. (和訳❶) と、企業として常にサービスを向上させるための努力をしている点について触れたあと、**To this end**（**この目的のために**）と前置きをしたうえで、we are delighted to announce the acquisition of T-MAXX Gyms, bringing them into the BFC family, effective 1 June (和訳❷) と、T-MAXX Gyms の **acquisition**（**買収**）を会員に伝えている。また、第2段落以降も、その買収に伴う案内が続く。

STEP3 よって、(B) が正解。the acquisition of T-MAXX Gyms を **a business merger**（**企業の合併、経営統合**）と言い換えている。第3段落で **registration form**（**登録用紙**）への記入を案内しているが、これはBFCの会員が暫定的に T-MAXX Gyms の施設を利用するための手続きを述べているものである。フィットネスジムの会員プログラムを宣伝するためにこの手紙が書かれたわけではないので、(A) は不正解。

〔設問の訳〕 **26.** 手紙の目的は何ですか?
(A) ジムの会員プログラムを宣伝すること
(B) 顧客に会社の合併について知らせること
(C) 会社経営者の後任を発表すること
(D) 新しい支店の開設を祝うこと

スコアアップ♪のポイント

effective + 〈日付〉（~付で、〈日付〉に有効になって）は、TOEIC においては経営統合のタイミングや新たな規則の適用日、社員の昇進日などを伝える文章の中で文頭や文末に置かれます。**effective immediately**（〔**規則などが**〕**即時発効となって、すぐに有効になって**）と併せて押さえておきましょう。

Q27. 正解 (A) 　　　　　　　　　　　　　正答率 ▸▸ **62%**

〔3ステップ解説〕

STEP1 T-MAXX Gyms について推測できることを答える問題。

STEP2 第2段落第2文を見ると、you will be able to use T-MAXX's unique health monitoring treadmills at any time (和訳❸) と記載がある。**unique** は「**唯一の、他にはない**」という意味なので、T-MAXX Gyms には他のジムにはない運動用器具があることがわかる。

STEP3 よって、(A) が正解。T-MAXX's unique health monitoring treadmills を equipment which BFC does not have と言い換えている。Part 7 に、スポーツジムにある個々の運動用器具の名称は出ないと言ってよいが、**treadmill**(**ランニングマシン**)だけは押さえておこう。第2段落第2文の後半に、そのランニングマシンに関して you can use the data from the machines to customize your training routine(和訳❹)とあるが、これはランニングマシンのデータを自分のトレーニングメニューに反映させることもできるということ。T-MAXX Gyms は個人の判断でトレーニングメニューのカスタマイズにも利用できるデータを提供しているとは言えるが、**personalized services**(**個人の要望に合わせて作られたサービス**)を提供しているということではないので、(B) は不正解。第1段落冒頭文から、10年を超えてビジネスを行っているのは T-MAXX Gyms ではなく BFC なので、(C) も不正解。**for over a decade**(**10年超にわたって**)と **more than ten years**(**10年よりも長く**)の言い換えはスコアアップのために押さえておきたい。買収・合併に伴う **business establishments**(**事業所**、**店舗**)の閉鎖については特に記載がないので、(D) も不正解。

設問の訳 **27.** T-MAXX ジムについて何が示唆されていますか?
(A) BFC が所有していない設備がある。
(B) 会員に個別のサービスを提供している。
(C) 10年以上営業している。
(D) 6月1日に一部の店舗を閉鎖する。

☝️**スコアアップ のポイント**

TOEIC でスコアアップしていくためには、8つの能力を磨く必要があります。それは①語彙力、②文法力、③読解力、④聴解力、⑤試験力、⑥記憶力、⑦集中力、⑧習慣力です。このうち、のちのちスコアアップできる人とできない人で大きな差が開く要因となるのが、⑧の習慣力です。たとえば、目標に向かって計画を立てる習慣、毎日机に向かう習慣、わからない単語や文法をその場ですぐに調べる習慣、間違えた問題を分析して次につなげる習慣、学んだことを自分の血肉となるまで復習する習慣などが挙げられます。こうした習慣がある人は、①〜⑦の能力を飛躍的に伸ばしていくことができます。ぜひこれら8つの能力を磨いてご自身のスコアアップにつなげてください。

Q28. 正解 (D) 正答率 ▶▶ **70**%

3ステップ解説

STEP1 追加される施設を利用するために顧客がすべきことを答える問題。

STEP2 第3段落第2文を見ると、T-MAXX Gyms が BFC へ商標変更される

までの一時的な対応として、members who wish to access the
T-MAXX branches need to complete a simple registration form
at any BFC location（和訳❺）と記載されているので、BFC の会員が
T-MAXX Gyms の施設を使用するためには、BFC の任意の施設で登
録用紙に記入する必要があることがわかる。

STEP3 よって、(D) が正解。**in person**（**自ら出向いて、直接**）はスコアアッ
プに欠かせない大事なフレーズなので必ず押さえておくこと。

設問の訳 **28.** 手紙によると、顧客は追加の施設を利用するために何をすべきですか?
(A) 会社のウェブサイトにアクセスする
(B) プレミアム会員にアップグレードする
(C) アンケート用紙に記入する
(D) 直接 BFC の店舗に行く

C
H
A
P
T
E
R
1

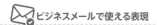

ビジネスメールで使える表現

Thank you for your continued patronage.
（皆様の変らぬご愛顧に感謝申し上げます。）

invaluable advice

キーワードをチェック!! 📥24

□ contractor [kántræktər] カントラクター	名 C	請負業者
□ lawn [lɔ́:n] ローン	名 C UC	芝生
□ mow [móu] モウ	動 他 (芝など) を刈る 自 刈り取りをする	
□ weed [wíːd] ウィード	名 C 雑草 動 他 (雑草など) を取り除く 自 雑草を取る	
□ removal [rimúːvəl] リムーヴァル	名 C UC	除去、撤去
★ □ debris [dəbríː] デブリー	名 UC	瓦礫、破片
★ □ hedge [hédʒ] ヘッジ	名 C	生け垣
□ trim [trím] トリム	動 他	～を刈ってきれいに整える
★ □ deposit [dipázit] ディパズィット	名 C ①手付金、内金　②保証金 ③預金 動 他 (お金や貴重品など) を預ける	
□ architecture [áːrkətektʃər] アーキテクチャー	名 UC	建築
★ □ landscaping [lǽndskeipiŋ] ランドスケイピング	名 UC	造園
★ □ balance due		未払い額、不足額
★ □ upon completion		完了次第
□ real estate		不動産
□ a range of ～		さまざまな～

112

意識すべきポイントをチェック!!

① 設問数&文書タイプの確認

Questions **29-31** refer to the following **form**.

Point 誰が何のためにフォームを書いたのかを意識しながら読む。

② レイアウトの確認

タイトル
項目別情報記載欄
署名

Point タイトルと署名を確認する。
Point 項目別情報記載欄に住所、氏名、日付、時刻、コメント、金額等が記載されていることを確認する。

③ 設問文の確認

29. **What** ... **most likely** ...?
30. **What** is **suggested** about ...?

Point 設問で問われている内容(要点)を記憶する(最初の2問のみ)。
設問29は **most likely**、設問30は **suggested** が使われているので、それぞれ推測して答える。

戦略 項目ごとに素早く情報を読み取りながら本文を読み進め、解答の根拠が登場したら設問に解答するやり方でトライ!

④ 本文を読む

タイトル
項目別情報記載欄
署名 　　　　　解答に必要な情報を素早く読み取る

⑤ 選択肢の確認

Point 本文の内容の言い換えや誤答の選択肢のひっかけに注意しながら**それぞれの選択肢をチェックして正解を判断**する。

⑥ 解答する

解答欄にマークする。

※設問31についても、同様に❸〜❻を行う

C
H
A
P
T
E
R
1

113

目標タイム③分

Questions 29-31 refer to the following form.

📥 25

WORK AGREEMENT

Contractor:
Javier Tonkin, Mendez & Son Services,
41 Whitney Street, St. Augustine, FL 32084

Property Owner:
Guy Raleigh, 32 Welling Lane, Palm Coast, FL 32164

Work Date:	June 15
Start Time:	10:00 A.M.
Estimated Time of Completion:	2:30 P.M.

Description of Work:
Lawn mowing, weed removal, leaf & debris clean up, hedge
trimming, and flower bed maintenance to keep the property
looking sharp.

Original Contract Price:	$550.00
Repeat Customer Reduction:	-$55.00
Total Cost of Work:	$495.00

Payment Schedule:
Security Deposit (Paid, May 5):	$50.00
Balance Due Upon Completion:	$445.00

Accepted by:
Contractor:	*Javier Tonkin*
Property Owner:	*Guy Raleigh*

---

29. What type of business most likely is Mendez & Son Services?
(A) A real estate agency
(B) An architecture firm
(C) A landscaping company
(D) A building maintenance company

○ △ ×
1 回目 ☐☐☐   2 回目 ☐☐☐   3 回目 ☐☐☐

30. What is suggested about Mr. Raleigh?
(A) He recently moved to Palm Coast.
(B) He will do a range of work on the property.
(C) He has used Mendez & Son Services before.
(D) He will make a payment by credit card.

○ △ ×
1 回目 ☐☐☐   2 回目 ☐☐☐   3 回目 ☐☐☐

31. What amount will Mr. Tonkin receive on June 15?
(A) $50.00
(B) $445.00
(C) $495.00
(D) $550.00

○ △ ×
1 回目 ☐☐☐   2 回目 ☐☐☐   3 回目 ☐☐☐

29-31番は次のフォームに関するものです。

作業合意書

請負業者：

ハビエル・トンキン　メンデス・アンド・サン・サービシズ社

ウィットニー通り41番地　フロリダ州セント・オーガスティン32084

土地所有者：

ガイ・ローリー　ウェリング通り32番地　フロリダ州パームコースト

32164

作業日：	6月15日
開始時間：	午前10時
完了予定時間：	午後2時30分

作業内容：

❶敷地内がすっきり見えるように、芝刈り、雑草取り、落ち葉やゴミの掃除、生垣の刈り込み、花壇の整備を行います。

通常の請負価格：	550ドル
リピート客割引：	−55ドル
作業費合計：	495ドル

支払予定：

手付金（5月5日支払済）：	50ドル
完了時の支払残額：	445ドル

上記内容に同意いたします。

請負業者：	Javier Tonkin
土地所有者：	Guy Raleigh

Q29. 正解 (C)　　　　　　　　　　　　　　正答率 ▶▶ **82**%

〔3ステップ解説〕

STEP1 Mendez & Son Services 社の業種を推測して答える問題。

STEP2 WORK AGREEMENT（作業合意書）の Contractor 欄に Mendez & Son Services 社の名前が記載されており、Description of Work（作業に関する記述）欄に Lawn mowing, weed removal, leaf & debris clean up, hedge trimming, and flower bed maintenance to keep the property looking sharp.（和訳❶）とあることから、Mendez & Son Services 社は **lawn mowing（芝刈り）**、**weed removal（雑草の除去）**、**hedge trimming（生け垣の剪定）** といった庭の手入れや整備をする会社だということがわかる。

STEP3 よって、(C) が正解。**landscaping company（造園会社）** は Part 7 に頻出するので必ず覚えておくこと。

〔設問の訳〕 **29.** メンデス・アンド・サン・サービシズ社はおそらくどんな会社ですか？
(A) 不動産会社　　　　　　　　　　(B) 建築会社
(C) 造園会社　　　　　　　　　　　(D) ビル管理会社

👆スコアアップ🔺のポイント

debris（瓦礫、破片）は、建物の瓦礫から床に落ちている食べ物のカスまで大小さまざまなものを指します。**construction debris（建設廃材）**、**garden debris（〔落ち葉や枝などの〕庭のごみ屑）**、**remove debris（破片〔残骸〕を取り除く）** というフレーズで押さえておきましょう。「デブリー（dəbríː）」という発音にご注意ください。

Q30. 正解 (C)　　　　　　　　　　　　　　正答率 ▶▶ **90**%

〔3ステップ解説〕

STEP1 Raleigh さんについて推測できることを答える問題。

STEP2 まず、Property Owner 欄から Raleigh さんは庭の整備作業の依頼者だということがわかる。次に Repeat Customer Reduction 欄を見ると、**repeat customer（常連客、リピート客）** として55ドル値引きされていることから、Raleigh さんは以前 Mendez & Son Services 社のサービスを利用したことがあると考えられる。

STEP3 よって、(C) が正解。

〔設問の訳〕 **30.** ローリーさんについて何が示唆されていますか？
(A) 最近パームコーストに引っ越した。
(B) 敷地内のさまざまな作業を行う。
(C) 以前メンデス・アンド・サン・サービシズ社を利用したことがある。
(D) クレジットカードで支払いをする。

state-of-the-art technologies

Q31. 正解 (B)　　　　　　　　　　　　　正答率 ▶▶ **87**%

[3ステップ解説]

STEP1 Tonkin さんが6月15日に受け取る金額を答える問題。

STEP2 Work Date 欄から、6月15日に庭の整備が行われることがわかる。それを踏まえて Payment Schedule を見ると、作業の合計額である495ドルのうち、**security deposit**（**手付金、内金**）の50ドルは5月5日に支払済みとあり、残りの445ドルは **balance due upon completion**（**〔作業〕完了時に支払う不足額**）とあるので、**contractor**（**請負業者**）である Tonkin さんは6月15日の作業完了時に、Raleigh さんから445ドルを受け取る予定であることがわかる。

STEP3 よって、(B) が正解。

[設問の訳] **31.** トンキンさんは6月15日にいくら受け取りますか?
(A) 50ドル
(B) 445ドル
(C) 495ドル
(D) 550ドル

✍スコアアップ🔗のポイント

balance には「均衡、バランス」という意味もありますが、スコアアップの観点で大事なのは「残高」という意味です。**balance due**（**未払い額、不足額**）、**outstanding balance**（**未払い残高**）、**bank balance**（**銀行預金残高**）という3つのフレーズで押さえておきましょう。

CHAPTER 2

SP

シングルパッセージ

4問タイプ

キーワードをチェック!!

📥 26

★	☐ unanimously	[juːnǽnəməsli] ユナネマスリィ	副 満場一致で
	☐ lease	[líːs] リース	名 C 賃貸借契約 動 他 ～を賃貸する
	☐ cost-effective	[kɔ́st-iféktiv] カスティフェクティヴ	形 コスト効率の良い
★	☐ lucrative	[lúːkrətiv] ルークラティヴ	形 儲かる 同 profitable
★	☐ certified	[sə́ːrtəfaid] サーテファイド	形 資格を持っている、認定された
★	☐ concerning	[kənsə́ːrniŋ] カンサーニング	前 ～に関して 同 regarding
★	☐ adjourn	[ədʒə́ːrn] アジャーン	動 他 (会議など)を中断 (休会) する 自 (会議などが) 中断 (休会) する
★	☐ leading	[líːdiŋ] リーディング	形 主要な、一流の
	☐ recruit	[rikrúːt] リクルート	名 C 新入社員 動 他 ～を採用する 自 採用する
★	☐ meeting minutes		議事録
	☐ call a meeting to order		会議の開会を宣言する
★	☐ trade show		見本市、展示会
	☐ keynote speaker		基調講演者
★	☐ lead to ～		①(道などが) ～に通じる ②～を引き起こす
	☐ from a(n) ～ point of view		～の観点から
★	☐ sales associate		販売員、店員

意識すべきポイントをチェック!!

① 設問数&文書タイプの確認

Questions **32-35** refer to the following **meeting minutes**.

Point 会議でどんなことが話し合われたのかを意識しながら読む。

② レイアウトの確認

タイトル
開始時刻、出席者、欠席者等
・ ・ ・ 議題の検討結果
補足事項、次回の開催予定等

Point タイトルを確認する。
Point 途中に箇条書きのセクションがあることを確認する。

③ 設問文の確認

32. **What** is **indicated** about ...?
33. **What** is **suggested** about ...?

Point 設問で問われている内容 (要点) を記憶する (最初の2問のみ)。
設問32は **indicated が使われている**ので、**あまり推測する必要はないと判断**する。
設問33は **suggested が使われている**ので推測して答える。

 戦略　セクション単位で本文を読み進め、解答の根拠が登場したらいったん読むのを止めて設問に解答するやり方でトライ!

④ 本文を読む

Point 解答の根拠がなかなか登場しなくても、焦らずに読み進める。最初の設問よりも2問目の設問の解答の根拠が先に登場した場合は、2問目の設問に先に解答する。

⑤ 選択肢の確認

Point 本文の内容の言い換えや誤答の選択肢のひっかけに注意しながら**それぞれの選択肢をチェックして正解を判断**する。

⑥ 解答する

解答欄にマークする。

※設問34, 35についても、同様に③～⑥を繰り返す (④で読むセクションは先に進める)

目標タイム **4** 分

Questions 32-35 refer to the following meeting minutes.

Meeting Minutes
Tuesday, 22 February

Opening: The weekly management meeting of McAllen Corporation was called to order by Joseph Francis at 9:30 A.M.

Present: Joseph Francis (Chair), Amy Nakamura, Ursula Guinness, Niall Davies, and Abdal Khan

Absent: Greta Karlsson (participating in a trade show in Dewsbury as a keynote speaker)

Approval of Minutes from Last Meeting
The minutes from the 15 February meeting were unanimously approved.

Discussion & Decisions Made
- Niall Davies informed members of new housing development to begin in July in the local area. This may lead to business opportunities.
- Abdal Khan agreed to contact the contractors of the housing development and submit proposal documents to them.
- The request for the JB-7 was rejected from a financial point of view as Amy Nakamura pointed out that the distance and length of lease means it's not cost-effective or lucrative.
- The budget has been approved for the hiring of extra sales associates and certified mechanics.

Addition to the Agenda
Ursula Guinness made a suggestion that the promotional campaign concerning the discounted lease of our recently purchased Mega X1 crane be discussed, but it was added to the agenda for the next meeting.

Adjournment
The meeting was adjourned at 10:15 A.M. by Joseph Francis. The next meeting will be at 9:30 A.M. on 1 March.

32. What is indicated about McAllen Corporation?
(A) It is a leading housing supplier in the area.
(B) Its management team meets every month.
(C) It has just hired additional employees.
(D) It leases heavy equipment to customers.

```
     ○ △ ×              ○ △ ×              ○ △ ×
1 回目 □□□      2 回目 □□□      3 回目 □□□
```

33. What is suggested about Ms. Karlsson?
(A) She normally facilitates the management meetings.
(B) She is trying to recruit more staff at a job fair.
(C) She will write meeting minutes at the next meeting.
(D) She attended a business event on February 22.

```
     ○ △ ×              ○ △ ×              ○ △ ×
1 回目 □□□      2 回目 □□□      3 回目 □□□
```

34. Who gave monetary advice on a booking request?
(A) Ms. Nakamura
(B) Ms. Guinness
(C) Mr. Davies
(D) Mr. Khan

```
     ○ △ ×              ○ △ ×              ○ △ ×
1 回目 □□□      2 回目 □□□      3 回目 □□□
```

35. What will happen on March 1?
(A) A housing development will begin.
(B) An advertising campaign will be discussed.
(C) Mr. Francis will restart the meeting.
(D) New recruits will be introduced.

```
     ○ △ ×              ○ △ ×              ○ △ ×
1 回目 □□□      2 回目 □□□      3 回目 □□□
```

CHAPTER 1

CHAPTER 2

CHAPTER 3

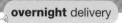

32 -35番は次の議事録に関するものです。

議事録
2月22日 (火)

開会： 午前9時30分にジョセフ・フランシスによってマクアレン・コーポレーションの週次経営会議の開会が宣言された。

出席者： ジョセフ・フランシス（議長）、エイミー・ナカムラ、ウルスラ・ギネス、ニール・デイビーズ、アブダル・カーン

欠席者： ❷グレタ・カールソン（デューズベリーの見本市に基調演説者として参加）

前回の議事録の承認

2月15日の議事録は全会一致で承認された。

議論内容および決定事項

- ニール・デイビーズは、地元地域で7月から始まる新しい住宅開発についてメンバーに伝えた。これはビジネスチャンスにつながる可能性がある。

- アブダル・カーンは、住宅開発の請負業者への連絡と、彼らへの提案書の提出について同意した。

- ❸JB-7に対する要望は、エイミー・ナカムラがリースの期間から費用対効果がなく利益が見込めないことを指摘し、財政的な観点から却下された。

- 販売員と有資格整備士の追加採用のための予算が承認された。

議題への追加事項

ウルスラ・ギネスが、❶最近当社が購入した Mega X1クレーンのリース割引に対する宣伝キャンペーンに関して議論すべきだと提案したが、❺その件は次回の会議の議題に追加された。

閉会

ジョセフ・フランシスにより、会議は午前10時15分に閉会した。❹次回の会議は3月1日午前9時30分に行われる予定である。

Q32. 正解 (D)　　　　　　　　　　　　　正答率 ▶▶ **42**%

3ステップ解説

STEP1 McAllen Corporation 社について言えることを答える問題。

STEP2 Discussion & Decisions Made 欄の3つ目の●にあるJB-7のリースに関する記述、および Addition to the Agenda 欄にある the discounted lease of our recently purchased Mega X1 crane（和訳❶）から、McAllen Corporation は JB-7 や Mega X1 という名前のクレーンをリースしている会社だと考えられる。

STEP3 よって、(D) が正解。crane を **heavy equipment**（**重機**）と言い換えている。Discussion & Decisions Made 欄の1つ目の●にある new housing development につられて (A) を選ばないように注意。

設問の訳　32. マクアレン・コーポレーションについて何が述べられていますか?
(A) 地域最大手の住宅販売会社だ。　　　(B) 経営チームは毎月会合を開く。
(C) 従業員が追加採用されたばかりだ。　(D) 顧客に重機をリースしている。

✍スコアアップ🔥のポイント

設問先読み型で問題を解いていく場合、最初の設問の解答の根拠がなかなか登場しないと焦りますよね。本番のテストでも、文章の後半まで読み進めないと最初の設問に解答できないことがあります。その際大事なことは、とにかく焦らずに解答の根拠が登場するまで我慢して読み進めることです。

Q33. 正解 (D)　　　　　　　　　　　　　正答率 ▶▶ **84**%

3ステップ解説

STEP1 Karlsson さんについて推測できることを答える問題。

STEP2 まず、タイトルからこの **meeting minutes**（**議事録**）は2月22日の会議の内容を記したものだとわかる。次に Absent 欄を見ると、Greta Karlsson (participating in a trade show in Dewsbury as a keynote speaker)（和訳❷）とあるので、Karlsson さんはこの日、**keynote speaker**（**基調講演者**）としてイベントに参加するために会議を欠席したと考えられる。

STEP3 よって、(D) が正解。**trade show**（**見本市、展示会**）を business event と言い換えている。

設問の訳　33. カールソンさんについて何が示唆されていますか?
(A) いつも経営会議を円滑に進めている。
(B) 就職フェアでスタッフを採用しようとしている。
(C) 次の会議で議事録を作成する。
(D) 2月22日に仕事のイベントに出席した。

qualified candidates

Q34. 正解 (A)　　　　　　　　　　　　　　　　　正答率 ▶▶ **85%**

〔3ステップ解説〕

STEP1 予約リクエストの件でお金に関するアドバイスをした人を答える問題。

STEP2 Discussion & Decisions Made 欄の3つ目の ● を見ると、The request for the JB-7 was rejected from a financial point of view as Amy Nakamura pointed out that the distance and length of lease means it's not cost-effective or lucrative. (和訳❸) とある。この as は「〜なので」という理由を表す接続詞なので、Nakamura さんが財政的観点から問題点を指摘したため、JB-7 に対する予約リクエストは受け入れられなかったことがわかる。

STEP3 よって、(A) が正解。

〔設問の訳〕 **34.** 誰が予約リクエストについて財政的なアドバイスをしましたか?

　　　(A) ナカムラさん　　　　　　　　　(B) ギネスさん
　　　(C) デイビーズさん　　　　　　　　(D) カーンさん

Q35. 正解 (B)　　　　　　　　　　　　　　　　　正答率 ▶▶ **52%**

〔3ステップ解説〕

STEP1 3月1日に起こることを答える問題。

STEP2 Adjournment 欄を見ると、The next meeting will be at 9:30 A.M. on 1 March. (和訳❹) とあるので、次回の経営会議は3月1日に行われることがわかる。また、直前の Addition to the Agenda 欄に、Guinness さんが提案したリースの値引きキャンペーンについて it was added to the agenda for the next meeting (和訳❺) と記載があることから、この議題は3月1日の会議で検討されることがわかる。

STEP3 よって、(B) が正解。**promotional campaign**(**販売促進活動**)を **advertising campaign**(**宣伝活動**)と言い換えている。この議事録が取られた2月22日の会議は Francis さんによって開会および閉会(休会)されているが、3月1日の会議も Francis さんによって開会されるかどうかは不明なので、(C) を選ぶことはできない。

〔設問の訳〕 **35.** 3月1日に何が起こりますか?

　　　(A) 住宅の開発が始まる。
　　　(B) 宣伝キャンペーンについて議論される。
　　　(C) フランシスさんが会議を再開する。
　　　(D) 新入社員が紹介される。

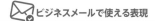

ビジネスメールで使える表現

This may lead to business opportunities.
（これはビジネスチャンスにつながる可能性があります。）

locate a missing suitcase

キーワードをチェック!! ⬇28

★ □ aspiring	アスパイアリング [əspáiəriŋ]	形 意欲的な、〜志望の
★ □ entrepreneur	アーントレプレナー [ɑːntrəprənéːr]	名 C 起業家
□ worthwhile	ワースワイル [wəːrθwáil]	形 価値のある
★ □ accomplished	アカンプリッシュト [əkʌ́mpliʃt]	形 熟達した 類 skillful
□ barista	バーリースタ [bɑːríːstə]	名 C コーヒーを入れる専門職人
★ □ honor	アーナー [ánər]	動 他 ①(人)を称える ②(人)に栄誉を授ける ③(約束など)を守る 名 単 栄誉、名誉 UC 尊敬の念、敬意
□ nominate	ナミネイト [náməneit]	動 他 〜を推薦する、〜を指名(任命)する
★ □ outlet	アウトレット [áutlet]	名 C ①店舗、販売店 ②コンセント
□ pass on 〜		(情報など)を伝える
★ □ be due to 〜		①〜する予定である ②(感謝などが)〜に向けられるべきである
□ be of little value		ほとんど価値がない、役立たない
□ praise A for B		AのBを褒める
□ day off		休暇

128

---

in c------- circumstances ある状況において

意識すべきポイントをチェック!!

① 設問数&文書タイプの確認

Questions **36-39** refer to the following **e-mail**.

Point 誰が何のためにメールを出したのかを意識しながら読む。

② レイアウトの確認

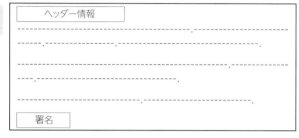

Point 3つの段落で構成されていることを確認する。
Point ヘッダー情報を見て送受信者名、日付、件名、添付ファイルの有無を、署名を見て送信者の役職、会社名などを確認する。

③ 設問文の確認

36. **What** is **a purpose** of the e-mail?
37. **Who most likely** ...?

Point 設問で問われている内容（要点）を記憶する（最初の2問のみ）。
設問36は **a purpose** なので P23 のポイントを意識する。
設問37は **most likely** が使われているので推測して答える。

戦略 段落数よりも設問数が多いので、第1段落を読んで設問36, 37のどちらか、もしくは両方に解答できないかトライ!

④ 本文を読む

Point 戦略に沿って本文を読み進める。読み始めた段落はできるだけ最後まで読んで選択肢の確認に移る。

⑤ 選択肢の確認

Point 本文の内容の言い換えや誤答の選択肢のひっかけに注意しながら**それぞれの選択肢をチェックして正解を判断する**。正解を判断できない場合は、解答を保留して先に進む。

⑥ 解答する

解答欄に**マーク**する。

※設問38, 39についても、同様に③〜⑥を繰り返す（④で読む段落は先に進める）

Questions 36-39 refer to the following e-mail.

To:	All One Hill Cafés staff
From:	Bryan Hills
Subject:	CSNZ Conference
Date:	4 August

Dear Staff,

As you may be aware, the 5th annual conference of the Coffee Society of New Zealand (CSNZ) is coming up on the weekend of August 20-21. The society has asked me to make a speech about the growth of One Hill Cafés – how we have enjoyed such success in just three years. I hope to pass on as much insight as I can to aspiring entrepreneurs who want to launch a worthwhile business like ours. Of course, much of the success is due to our wonderful staff!

While my speech will likely be of little value to any of you, I would like to bring your attention to a training workshop on August 21. It will be given by Marco Esposito — an accomplished barista who is famous for his coffee-making techniques. He was awarded first prize in the Pacific Coffee Championships last year. I think our staff could learn a lot from him and bring that knowledge back to One Hill Cafés.

Therefore, I would like the manager of each branch to recommend one member of staff to attend the workshop. I'm sure a total of five people being absent from work for one day would not impact the operation of the cafés. We can ask other staff to work on their scheduled day off if necessary. Please contact me with your choice by August 7.

Sincerely,

Bryan Hills

36. What is a purpose of the e-mail?

(A) To inform employees of a training opportunity

(B) To ask for suggestions for a speech

(C) To praise staff for a recent rise in sales

(D) To honor an important person in the coffee industry

○ △ ×
1 回目 ☐☐☐   2 回目 ☐☐☐   3 回目 ☐☐☐

37. Who most likely would attend Mr. Hills' speech?

(A) All employees of One Hill Cafés

(B) Those interested in opening a retail business

(C) Representatives of dining establishments

(D) Regular customers who received an invitation

○ △ ×
1 回目 ☐☐☐   2 回目 ☐☐☐   3 回目 ☐☐☐

38. What are managers asked to do?

(A) Rearrange their work schedules

(B) Give staff an extra day off

(C) Nominate a member of their team

(D) Contact CSNZ for additional tickets

○ △ ×
1 回目 ☐☐☐   2 回目 ☐☐☐   3 回目 ☐☐☐

39. What is implied about One Hill Cafés?

(A) It operates five outlets.

(B) It started its business last year.

(C) It employs Marco Esposito.

(D) It runs coffee-making classes.

○ △ ×
1 回目 ☐☐☐   2 回目 ☐☐☐   3 回目 ☐☐☐

CHAPTER 1

CHAPTER 2

CHAPTER 3

lawn **mowing**

36 -39 番は次のメールに関するものです。

宛先：	ワンヒル・カフェズ　全スタッフ
送信者：	ブライアン・ヒルズ
件名：	CSNZ 会議
日付：	8月4日

スタッフ各位

ご存知かもしれませんが、ニュージーランドコーヒー協会（CSNZ）による第5回年次会議が8月20日、21日の週末に予定されています。協会より、私はワンヒル・カフェズの成長に関するスピーチの依頼を受けております。どのようにして当店がわずか3年で成功を遂げたかについてです。❸当店のような価値あるビジネスを始めたいと思っている意欲的な起業家たちに、できる限り見識を伝えたいと思っています。❷当然ながら、当店の成功の大部分は素晴らしいスタッフである皆さまのおかげです！

私のスピーチは皆さまにとってはほとんど役に立たないと思うのですが、❶8月21日に行われる研修会の方にはぜひ意識を向けていただきたいと思います。コーヒーを作る技術の高さで有名な一流バリスタであるマルコ・エスポジトが講師を務めます。昨年、彼はパシフィック・コーヒー・チャンピオンシップで優勝しました。❼当店のスタッフが彼から多くを学び、その知識をワンヒル・カフェズに持ち帰ってくれると考えています。

つきましては、❹各店舗の店長に研修会に参加するスタッフを1名ずつ推薦していただきたいと思います。❻1日で合計5名が仕事を休んでもカフェの運営には影響を与えないはずです。❺必要であれば、休みを予定しているスタッフに働いてもらうよう頼むこともできます。8月7日までに誰を選んだか教えてください。

よろしくお願いいたします。

ブライアン・ヒルズ

Q36.　正解 (A)　　　　　　　　　　　正答率 ▶▶ **76%**

〔3ステップ解説〕

STEP1 メールの目的の1つを答える問題。

STEP2 One Hill Cafés の全スタッフに宛てたメールの第1段落は、タイトルにもある CSNZ Conference で Hills さんがスピーチをする予定を伝えている。第2段落では、冒頭文の I would like to bring your attention to a training workshop on August 21 (和訳❶) に続いて、8月21日に開催される研修会の案内をしており、第3段落ではその研修会に参加するメンバーの推薦を各店長に依頼している。

STEP3 このうち、従業員に研修を紹介するという目的について述べている (A) が正解。第1段落で Hills さんは会議でスピーチする予定について述べているが、そのスピーチのための提案を従業員に依頼しているわけではないので、(B) は不正解。また、わずか3年で One Hill Cafés が成功したことについて、第1段落最終文で Of course, much of the success is due to our wonderful staff! (和訳❷) と、スタッフへの感謝の気持ちを述べてはいるが、最近の売り上げの増加について社員を褒めているわけではないので、(C) も不正解。さらに、受賞歴のある **accomplished barista（熟達した〔熟練の〕コーヒー専門職人）** として第2段落で紹介されている Esposito さんを、コーヒー業界の重要人物と言い換えることはできるが、その Esposito さんを称えることがメールの目的ではないので、(D) も不正解。

〔設問の訳〕 **36.** メールの目的のひとつは何ですか?
　(A) 研修の機会を従業員に知らせること
　(B) スピーチの内容について提案を依頼すること
　(C) 最近の売上の増加についてスタッフを褒めること
　(D) コーヒー業界で重要な人物を称えること

👆スコアアップ🔖のポイント

What is a purpose of the〈文書〉? では、文書が書かれた目的の1つを聞かれている点に注意が必要です（P23 参照）。つまりこの設問は、「いくつか考えられる文書の目的のうち、選択肢に記載があるものはどれですか」と言い換えることができます。たとえ第1段落で見つけた目的が選択肢に見当たらなくても焦る必要はありません。正解の根拠となる目的の記述や情報が出てくるまで落ち着いて残りの段落を読み進めるようにしましょう。

Q37. 正解 (B) 正答率 ▶▶ **57**%

[3ステップ解説]

STEP1 Hills さんのスピーチに出席すると考えられる人を推測して答える問題。

STEP2 第1段落5〜7行目を見ると、I hope to pass on as much insight as I can to aspiring entrepreneurs who want to launch a worthwhile business like ours. (和訳❸) と Hills さんの思いが記載されていることから、CSNZ Conference にはこれから One Hill Cafés のようなビジネスを始めたいと考えている **aspiring entrepreneurs** (**意欲的な起業家**) も出席して、Hills さんのスピーチを聞くと考えられる。

STEP3 よって、(B) が正解。この **those** は「**人々**」という意味。launch a worthwhile business like ours を open a retail business と言い換えている。CSNZ Conference に One Hill Cafés の全従業員が招待されているかどうかは本文からは判断できないので、(A) を選ぶことはできない。また、**dining establishments** (**飲食施設**、**レストラン**) の代表者や、招待された **regular customers** (**常連客**) が出席するかどうか不明なので、(C)、(D) も不正解。

[設問の訳] 37. ヒルズさんのスピーチにはおそらく誰が出席しますか?
(A) ワンヒル・カフェズの全従業員　　　(B) 小売店の開業に興味がある人
(C) 飲食店の代表者　　　　　　　　　(D) 招待を受けた常連客

☞スコアアップ♪のポイント

「人々」を意味する those は、「those 〜 ing/〜 ed」や「those who ...」のかたちでよく使われます。例えば、those working [who work] in the textile industry (繊維産業で働く人たち) や、those (who are) interested in this opening (この求人に興味がある方々) など。モノを指す those (あれら、それら) とは区別して解釈するようにしましょう。

Q38. 正解 (C) 正答率 ▶▶ **67**%

[3ステップ解説]

STEP1 店長が依頼されていることを答える問題。

STEP2 Hills さんは第3段落冒頭文で I would like the manager of each branch to recommend one member of staff to attend the workshop (和訳❹) と、研修会に参加するメンバーを各店舗から1名ずつ推薦するよう店長に依頼している。

STEP3 よって、(C) が正解。第3段落4〜5行目に We can ask other staff to work on their scheduled day off if necessary. (和訳❺) とあり、

研修会に参加する従業員の代わりにもともと **day off**（**休暇**）を予定している別のスタッフに勤務を依頼することは可能である旨を述べているが、**extra day off**（**追加の休暇**）を与えるという考えは述べていないので、(B) は不正解。

設問の訳 **38.** 店長は何をするよう依頼されていますか?
(A) 仕事の予定を調整する
(B) スタッフに 1 日追加で休みを与える
(C) チームから 1 人の従業員を指名する
(D) 追加チケットについて CSNZ に連絡する

Q39. 正解 (A) 正答率 ▶▶ **56**%

3ステップ解説

STEP1 One Hill Cafés について推測できることを答える問題。

STEP2 Hills さんは、第3段落冒頭文で研修会に参加するメンバーを各店舗から1名ずつ推薦するよう店長に依頼したあと、続く第2文で I'm sure a total of five people being absent from work for one day would not impact the operation of the cafés.（和訳**⑥**）と、選出される5人について述べていることから、One Hill Cafés は全部で5店舗あると考えられる。

STEP3 よって、(A) が正解。**outlet** は「**店舗、販売店**」という意味。第2段落最終文の I think our staff could learn a lot from him and bring that knowledge back to One Hill Cafés.（和訳**⑦**）から、研修会の講師である Esposito さんが One Hill Cafés の従業員であるとは考えにくいので、(C) は不正解。

設問の訳 **39.** ワンヒル・カフェズについて何が示唆されていますか?
(A) 5店舗運営している。 (B) 昨年開業した。
(C) マルコ・エスポシトを雇っている。 (D) コーヒー作りの教室を運営している。

ビジネスメールで使える表現

As you may be aware, 〈イベント〉 is coming up on 〈日付〉.
（ご承知かもしれませんが、〈日付〉に行われる〈イベント〉が近づいてきております。）

I would like to bring your attention to a training workshop on 〈日付〉.
（〈日付〉に行われる研修会に注意〔意識〕を向けていただきたいと思います。）

キーワードをチェック!! 📥30

★ ☐ issue	イシュー [íʃuː]	動 他 〜を発行する 名 C ①発行、(雑誌などの)号 ②問題
☐ submission	サブミッシャン [səbmíʃən]	名 UC 提出 C 提出物
★ ☐ finding	ファインディング [fáindiŋ]	名 C 調査結果 注 通例 findings
☐ clinical	クリニカル [klínikəl]	形 臨床の
★ ☐ secure	スィキュア [sikjúər]	動 他 ①(安全など)を確保する ②(許可など)を得る ③〜をしっかり固定する 形 ①(盗難や情報漏洩などに対して)安全な ②(倒れたりしないように)しっかり固定された
★ ☐ highlight	ハイライト [háilait]	動 他 〜を強調する 類 emphasize 名 C 最重要点、見所
★ ☐ assignment	アサインメント [əsáinmənt]	名 C 割り当てられた仕事 UC 割り当て
★ ☐ short notice		直前の連絡、急なお知らせ
★ ☐ make it (to 〜)		①うまくやる、成し遂げる ②(イベントなどの時間に)間に合う ③(会議などに)出席する
★ ☐ get in touch with 〜		〜と連絡をとる
☐ look over 〜		〜にざっと目を通す
☐ get back to 〜		〜に折り返し連絡する
☐ placement agency		職業紹介所

意識すべきポイントをチェック!!

① 設問数&文書タイプの確認

Questions **40-43** refer to the following **online chat discussion**.

Point オンラインチャットの話し合いでは、以下の3点を意識しながら読む。
①やり取りの内容（トピック）
②やり取りしている人たちの職業と関係性（上司と部下など）
③意図問題の該当箇所（タイムスタンプと書き込み）

② レイアウトの確認

③ 設問文の確認

40. Where ...?
41. Why ...?

Point 設問で問われている内容（要点）を記憶する（最初の2問のみ）。

④ 本文を読む

Bernard Nichols (11:09 A.M.)
--?
Nadim Sawal (11:11 A.M.)
----------------------------.
　　　⋮
　　　　　　　　　　　　根拠が登場するまで読み進める

⑤ 選択肢の確認

Point 本文の内容の言い換えや誤答の選択肢のひっかけに注意しながら**それぞれの選択肢をチェックして正解を判断**する。正解を判断できない場合は、解答を保留して先に進む。

⑥ 解答する

解答欄にマークする。

※設問42, 43についても、同様に③〜⑥を繰り返す（④で読む箇所は先に進める）
※書き込みの意図を問う意図問題は、**直前の誰のどのような意見・質問を受けて書き込まれているものなのか**をきちんと捉えることが大事。**直後の書き込みもヒントになる**ことが多い。

42. At **11:16** A.M., what does Ms. Trent imply when she writes, "XXXXXXXXXX"?

Nadim Sawal (11:16 A.M.)
----------------------------.　←直前の書き込み
Chelsea Trent (**11:16** A.M.)
XXXXXXXXXX. --------------.　←直後の書き込み

Point 文脈の中で書き込みの意図を判断することが大事。

CHAPTER 1　CHAPTER 2　CHAPTER 3

Questions 40-43 refer to the following online chat discussion.

 **Live Chat**

Bernard Nichols (11:09 A.M.)
Good morning Nadim, Chelsea. I know this is short notice, but I need you both to start working on an article for inclusion in the next issue of Medical Pulse Quarterly.

Nadim Sawal (11:11 A.M.)
The next issue's deadline for submission is in two days, isn't it?

Bernard Nichols (11:12 A.M.)
Right. I'm sorry about this. Exciting research findings about a clinical medicine have just been announced and I want to include them.

Chelsea Trent (11:13 A.M.)
If we work together, I think we can make it. It'll mean dropping other work, though.

Bernard Nichols (11:15 A.M.)
That's fine. I'll e-mail you both the research paper. Try to get in touch with the writer, Dr. Rita Halifax, for a comment and secure permission for publication.

Nadim Sawal (11:16 A.M.)
I'm not sure if she knows our company, but I'll try anyway. Before that, I'll print out the paper so we can highlight the main points.

Chelsea Trent (11:16 A.M.)
Leave that to me. I met her last year at a conference.

Bernard Nichols (11:18 A.M.)
Great! Aim to send me the first draft tomorrow morning. I'll look it over and get back to you with my comments as soon as possible.

40. Where do the writers most likely work?

(A) At a pharmaceutical company

(B) At a medical supplier

(C) At a placement agency

(D) At a publishing company

○ △ ✕　　　○ △ ✕　　　○ △ ✕
1回目 ☐☐☐　2回目 ☐☐☐　3回目 ☐☐☐

41. Why does Mr. Nichols apologize?

(A) He forgot to send some information.

(B) He needs to conduct research tomorrow.

(C) He was not clear about a deadline.

(D) He has given an urgent assignment.

○ △ ✕　　　○ △ ✕　　　○ △ ✕
1回目 ☐☐☐　2回目 ☐☐☐　3回目 ☐☐☐

42. At 11:16 A.M., what does Ms. Trent imply when she writes, "Leave that to me"?

(A) She is already aware of Dr. Halifax's research.

(B) She is willing to print out a document.

(C) It will be easy for her to contact Dr. Halifax.

(D) Mr. Sawal should attend the conference this year.

○ △ ✕　　　○ △ ✕　　　○ △ ✕
1回目 ☐☐☐　2回目 ☐☐☐　3回目 ☐☐☐

43. What will Mr. Nichols most likely do tomorrow morning?

(A) Check the quality of an article

(B) Submit a draft to his supervisor

(C) Meet with Mr. Sawal and Ms. Trent

(D) Respond to comments from a client

○ △ ✕　　　○ △ ✕　　　○ △ ✕
1回目 ☐☐☐　2回目 ☐☐☐　3回目 ☐☐☐

CHAPTER 1

CHAPTER 2

CHAPTER 3

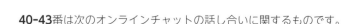

40-43番は次のオンラインチャットの話し合いに関するものです。

Live Chat

バーナード・ニコルズ（午前11時09分）
おはようございます、ナディームとチェルシー。直前の連絡であるのは承知していますが、●お二人には次号のメディカル・パルス・クウォータリーに含めてもらいたい記事に取りかかっていただく必要があります。

ナディーム・サワル（午前11時11分）
●次号の提出期限は2日後ですよね。

バーナード・ニコルズ（午前11時12分）
その通りです。申し訳ありません。臨床医学についてワクワクするような研究結果がちょうど発表されたので、それを含めたいのです。

チェルシー・トレント（午前11時13分）
一緒に作業をすれば、間に合うと思います。他の業務を中断することになりますが。

バーナード・ニコルズ（午前11時15分）
それは構いません。研究論文を二人にメールで送ります。●執筆者のリタ・ハリファックス博士に連絡を取って、コメントと出版許可を依頼してみてください。

ナディーム・サワル（午前11時16分）
●彼女が当社をご存知かどうかわかりませんが、とにかく試してみます。その前に、●主要なポイントにマーカーで線を引けるように論文を印刷しておきます。

チェルシー・トレント（午前11時16分）
それは私に任せてください。昨年、彼女と会議で会いました。

バーナード・ニコルズ（午前11時18分）
すばらしい！ ●明日の朝、私に原稿を送ることを目標にしてください。こちらで見直したうえでできるだけ早くコメントをつけて折り返します。

Q40. 正解 (D)　　　　　　　　　　　　　　　　　　正答率 ▶▶ **77**%

3ステップ解説

STEP1 チャットの書き込みをしている人たちが働いている場所を推測して答える問題。

STEP2 午前11時9分の Nichols さんの書き込みを見ると、Nadim Sawal さんと Chelsea Trent さんに対して I need you both to start working on an article for inclusion in the next issue of Medical Pulse Quarterly（和訳❶）と、雑誌の次号に含める記事の作成に取り掛かるよう依頼している。また、Nichols さんは午前11時15分の書き込みで、Try to get in touch with the writer, Dr. Rita Halifax, for a comment and secure permission for publication.（和訳❷）と、研究論文の執筆者である Halifax 博士から出版許可をもらうよう指示を出している。

STEP3 ここから、書き込みをしている3人は出版社に勤めていると考えられるので、(D) が正解。Medical Pulse Quarterly という雑誌名や、午前11時12分の書き込みに登場する **clinical medicine**（**臨床医学**）から、(A) の **pharmaceutical company**（**製薬会社**）や (B) の **medical supplier**（**医療品の供給業者**）を選ばないように注意。(C) の **placement agency** は「**職業紹介所、職業あっせん会社**」という意味。

設問の訳 **40.** 書き手はおそらくどこで働いていますか?
(A) 製薬会社　　　　　　　　　　　　(B) 医薬品供給会社
(C) 職業紹介所　　　　　　　　　　　(D) 出版社

 スコアアップ のポイント

チャットメンバーの職業や勤務先を問う設問に解答する際には注意が必要です。書き込みの中に登場する単語だけを拾って職業や勤務先を判断しようとすると、不正解の選択肢を選ばされます。これは、文脈が理解できていない（つまり読解力のない）受験者を誤答に誘導するために作問者が仕掛ける罠です。こうした罠にはまらないようにするためにも、単語ベースではなく文脈ベースで正解を判断するように心がけましょう。

Q41. 正解 (D) 正答率 ▶▶ **79**%

〔3ステップ解説〕

STEP1 Nichols さんが謝っている理由を答える問題。

STEP2 午前11時11分の Sawal さんの書き込み The next issue's deadline for submission is in two days, isn't it? (和訳❸) を受けて、午前11時12分に Nichols さんが Right. I'm sorry about this. と書き込んでいるので、deadline（締め切り）までの作業日数があまりに限られた緊急作業を依頼していることに対して Nichols さんは謝っていることがわかる。なお、午前11時9分に Nichols さんが I know this is short notice, but ... と話を切り出していることからも、作業の緊急性がうかがえる。

STEP3 よって、(D) が正解。チャットの冒頭で依頼している「雑誌の次号に含める記事の作成作業」のことを **an urgent assignment（急ぎの仕事）** と言い換えている。Nichols さんは Sawal さんと Trent さんに締切日に関する情報を伝えていなかったことに対して謝っているわけではないので、(A) は不正解。

〔設問の訳〕 **41.** ニコルズさんはなぜ謝罪していますか？
(A) 情報を送り忘れた。 (B) 明日調査を行う必要がある。
(C) 締め切りについて明確ではなかった。 (D) 急ぎの業務を与えた。

 スコアアップ のポイント

short notice（直前の連絡、急なお知らせ） と **last-minute change（直前の変更、土壇場での変更）** は TOEIC に頻出するので、セットで押さえておきましょう。

Q42. 正解 (C) 正答率 ▶▶ **77**%

〔3ステップ解説〕

STEP1 Trentさんが "Leave that to me" と書き込んでいる意図を答える問題。

STEP2 午前11時15分の Nichols さんの書き込み Try to get in touch with the writer, Dr. Rita Halifax, for a comment and secure permission for publication. (和訳❷) に対して、午前11時16分に Sawal さんが I'm not sure if she knows our company, but I'll try anyway. (和訳❹) と応じ、さらにそれを受けて Trent さんが **Leave that to me.（その件は私に任せてください）** に続いて I met her last year at a conference. と書き込んでいる流れを捉えると、この that はコメントと出版許可をもらうために Halifax さんに連絡する作業を指していると考えられる。

STEP3 よって、(C) が正解。午前11時16分の Sawal さんの書き込み I'll print out the paper so we can highlight the main points (和訳❺)

スピードマスターシリーズで分野別に即効学習!

スピードマスターシリーズの特長

1. シリーズ売上累計100万部を超えた、分野別の短期速習型テキスト。時間がないときに必携の学習書!

2. 全分野で学習効果をさらに高めるための問題集もおすすめ!

英文法

TOEIC® TEST 英文法スピードマスター NEW EDITION

成重寿 著／A5判
1300円（税込1430円）

TOEIC®のPart 5と6をすばやく正確に攻略できるようになるTOEIC®英文法の決定版。DAY 1「代名詞・関係詞」、DAY 2「時制・仮定法・態・準動詞」など、10日間完成のメニューで構成。

TOEIC® TEST 英文法問題集 NEW EDITION

成重寿 著／A5判
1400円（税込1540円）

リスニング

TOEIC® TEST リスニングスピードマスター NEW EDITION

松本恵美子 著／A5判
1400円（税込1540円）

映像化メソッドなど24の解法でリスニング・セクションを12日間完成。600点超えはもちろん、730〜860点という高得点をとるための実力もつく。リスニング・セクションの模試1回分つき。

TOEIC® TEST リスニング問題集 NEW EDITION

松本恵美子 著／A5判
1400円（税込1540円）

リーディング

TOEIC® TEST リーディングスピードマスター NEW EDITION

成重寿 著／A5判
1400円（税込1540円）

最難関Part 7を最短の9日間完成。まずDAY 1で攻略に必要なすべてのノウハウを紹介。DAY 2〜8で、問題文のスタイル別に解答練習をして、DAY 9で仕上げの「模擬テスト」にトライ。

TOEIC® TEST リーディング問題集 NEW EDITION

成重寿 著／A5判
1400円（税込1540円）

2021年10月1日現在

TOEIC® L&R TEST
TARGETシリーズで
スキマ時間に得点UPを狙おう!

TARGETシリーズの特長

1 四六判のコンパクトサイズ!
2 自分に合ったレベルから学習できる!
3 わかりやすい解法・解説!

TARGETシリーズのラインナップ

英文法 part 5-6			長文読解 part 7			英単語・熟語		英語勉強法	
600	730	900	600	730	900	600	900	600	900

点数を稼ぐ Part 5・6

音声DL

TOEIC® L&R TEST 英文法 TARGET 600 / 730 / 900

成重寿 著 ／ 四六判／
1200円(税込1320円)(600),
1200円(税込1320円)(730),
1300円(税込1430円)(900)

著者がスゴイ!!　成重　寿

TOEIC®書の執筆・編集活動を行う。TOEIC®著書50冊以上、累計売上160万部突破。一橋大学社会学部卒。

英文法 600	8日間の短期完成	165問収録

1 Part 5の攻略ポイントを初級者向けに詳しく解説!
2 Day1-5の問題パターン別学習で、Part 5の解き方がよくわかる!
3 本番同然の実戦練習3セットで実践力もUP!

英文法 730	8日間の短期完成	165問収録

1 Part 5の攻略法を中級者向けに詳しく解説!
2 Day1-5の問題パターン別学習で、Part 5の解き方がよくわかる!
3 本番同然の実戦練習3セットで実践力もUP!

英文法 900	8日間の短期完成	240問収録

必ず得点したい標準レベルの問題から、高得点を狙うための難易度高の問題まで、難易度別に学習できる!

DAY 1-3　800点レベル 90問
DAY 4-6　900点レベル 90問
DAY 7-8　950点レベル 60問

難関 Part 7 はこうやって攻略

TOEIC® L&R TEST 長文読解問題集 TARGET 600 / 730 / 900

野村知也 著／四六判
1300円（税込1430円）(**600**),
1300円（税込1430円）(**730**),
1300円（税込1430円）(**900**)

著者がスゴい!!

野村知也

TOEIC®指導塾X-GATE（クロスゲート）代表。著書に『頻度順1問1答 TOEIC® L&R テスト リーディング』、共著書に『TOEIC®テスト新形式精選模試リスニング』など。

シリーズの特長
1 シングル・マルチプルパッセージ別の構成で、だれでも無理なく学習ができる！
2 重要フレーズのミニクイズやビジネスメール表現で語い力も伸ばせる

長文読解 **600**	長文読解 **730**	長文読解 **900**
21セット 72問	23セット 80問	26セット 93問

Part 7 の問題構成や攻略法の解説が充実！はじめての長文読解学習者でもできる！

730点をめざすための Part 7 攻略法を初級者〜中級者向けに解説！

900点をめざすための Part 7 攻略法を中級者〜上級者向けに解説！

TOEIC® の語いをクイズ形式で覚えよう！

TOEIC® TEST 英単語・熟語TARGET 600 / 900

成重寿／ビッキー・グラス 共著／四六判／1000円（税込1100円）(**600**), 1200円（税込1320円）(**900**)

シリーズの特長
1 TOEIC®の単語・熟語をPart 5の問題スタイルで解く
2 目標スコア別に単語が整理されているので、自分に合った語い学習がステップアップ！

英単語・熟語 **600** 180問720語収録	英単語・熟語 **900** 240問960語収録
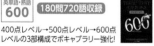	

400点レベル→500点レベル→600点レベルの3部構成でボキャブラリー強化！

700点レベル→800点レベル→900点レベルの3部構成でボキャブラリー強化！

目標スコア別の勉強法を身につけよう！

TOEIC® TEST 英語勉強法 TARGET 600 / 900

土屋雅稔 著／四六判
1000円（税込1100円）(**600**),
1200円（税込1320円）(**900**)

シリーズの特長
1 意識改革・パート別の解法・スケジュールの立て方・使うべき教材など、急速にスコアが伸びる勉強法を徹底解説！
2 勉強法がわからなくて悩んでいる学習者必読！実践力もUP！

著者がスゴい!! 土屋雅稔

英語教室「エクセレンスイングリッシュスクール」主宰。30歳から英語学習をはじめ、6週間でTOEIC®600点、1年で900点をとる。

2021年10月1日現在

を受けて Trent さんが Leave that to me. と書き込んでいると勘違い
すると、不正解の (B) を選ぶことにつながるので注意。

設問の訳 **42.** 午前11時16分に、トレントさんが「私に任せてください」と書いているのは何を
示唆していますか?
(A) ハリファックス博士の研究をすでに認識している。
(B) 書類の印刷をしたいと思っている。
(C) 彼女はハリファックス博士に連絡をとりやすい。
(D) サワルさんは今年の会議に出席するべきである。

✍ スコアアップ 📈 のポイント

意図問題は、必ず前後の書き込みをチェックして、どの書き込みに対する応答なの
かをしっかり見極めることが大事です。

Q43.　正解 (A)　　　　　　　　　　正答率 ▶▶ **85**%

[3ステップ解説]

STEP1 Nichols さんが明日の朝にすることを推測して答える問題。

STEP2 午前11時18分の Nichols さんの書き込みを見ると、Aim to send me
the first draft tomorrow morning. I'll look it over and get back to
you with my comments as soon as possible. (和訳❻) とあるので、
Nichols さんは明日の朝に送られてくる記事の最初の原稿に目を通すと
考えられる。

STEP3 よって、(A) が正解。

設問の訳 **43.** 明日の朝、ニコルズさんはおそらく何をしますか?
(A) 記事の質を確認する
(B) 上司に原稿を提出する
(C) サワルさんとトレントさんに会う
(D) 顧客からのコメントに返答する

 チャットで使える表現

I know this is short notice, but I need your help.
(急なお願いであることはわかっているのですが、あなた方の助けが必要です。)

I think we can make it.
(私たちならうまくできると思います。)

I'll try anyway.
(とにかくやってみます。)

an **organizational** skill

キーワードをチェック!! 📥 32

★ □ retain	リテイン [ritéin]	動 他 ~を保持する、~を覚えておく
★ □ venue	ヴェニュー [vénjuː]	名 C 会場
□ profitability	プラフィタビリティ [prɑfitəbíləti]	名 UC 収益性
□ limousine	リムズィーン [líməziːn]	名 C ①(空港などの)定期往復バス ②(運転手付きの)大型高級車
□ nowadays	ナウアデイズ [náuədeiz]	副 (過去と比較して)現在は、今日では
★ □ feature	フィーチャ [fíːtʃər]	動 他 ~を特徴とする 名 C 特徴
★ □ accommodate	アカマデイト [əkɑ́mədeit]	動 他 (要求など)を受け入れる、(要望など)に応える
★ □ feasible	フィーズィブル [fíːzəbl]	形 実現(実行)可能な
★ □ thoroughly	サラリィ [θʌ́rəli]	副 ①徹底的に ②完全に
★ □ established	イスタブリッシュト [istǽbliʃt]	形 ① (組織などが)設立された ②(名声などが)確立された ③(仕事などが)定評のある
★ □ shuttle	シャトル [ʃʌ́tl]	名 C (バスなどの)定期往復便
□ identify	アイデンティファイ [aidéntəfai]	動 他 (原因など)を特定する
□ relatively	レラティヴリィ [rélətivli]	副 比較的
□ fare	フェア [féər]	名 C 運賃 UC (食事に出される)食べ物
★ □ task force		(一時的に結成される)問題解決のためのグループ
□ repeat customer		再訪客、常連客
□ ~ -friendly		(人)にとって使い勝手の良い、(環境など)に優しい
□ ~ -oriented		~志向の、~本位の
□ ~ -related		~に関連した

意識すべきポイントをチェック!!

① 設問数&文書タイプの確認

Questions **44-47** refer to the following **memo**.

Point 誰が何のために社内連絡を書いたのか意識しながら読む。

② レイアウトの確認

Point 3つの段落のみで構成されていることを確認する。
Point ヘッダー情報を見て送受信者名、日付、件名、添付ファイルの有無を確認する。

③ 設問文の確認

44. **What** is **indicated** about ...?
45. **What** ...?

Point 設問で問われている内容 (要点) を記憶する (最初の2問のみ)。設問44は **indicated** が使われているので、**あまり推測する必要はないと判断**する。

戦略 段落数よりも設問数が多いので、第1段落を読んで設問44, 45のどちらか、もしくは両方に解答できないかトライ!

④ 本文を読む

ヘッダー情報

第1段落を全て読む

Point 戦略に沿って本文を読み進める。読み始めた段落はできるだけ最後まで読んで選択肢の確認に移る。

⑤ 選択肢の確認

Point 本文の内容の言い換えや誤答の選択肢のひっかけに注意しながら**それぞれの選択肢をチェックして正解を判断**する。

⑥ 解答する

解答欄にマークする。

※設問46, 47についても、同様に❸〜❻を繰り返す (❹で読む段落は先に進める)

目標タイム **4** 分

Questions 44-47 refer to the following memo. 🔽33

MEMO

From: Walter P. Larimer, Client Relations Manager
To: Client Relations Personnel
Subject: Next meeting
Date: September 10

Retaining business clients who regularly need transport to and from the airport or meeting venues is key to Starlight Express's profitability. Therefore, our task force has recently been in contact with companies or individuals who have used our limousine services before but are not repeat customers. By doing this, I hope to find out whether there was something clients were unsatisfied with, which we could then do better. For example, was the driver late or does a competitor offer lower rates?

Some of the feedback mentioned that our reservation system is far from user-friendly. Another pointed out that there were neither USB ports nor free Wi-Fi on our vehicles. Businesspeople nowadays seem to expect these features, and we may need to accommodate their requests as much as possible.

That is why I'd like to discuss feasible steps we can take at next Tuesday's meeting. I will forward each of you all the feedback I received. I would appreciate it if you could check the comments thoroughly and come up with some ideas to increase established customers at the meeting. I look forward to hearing from you all.

---

44. What is indicated about Starlight Express?
    (A) It is famous for its customer-oriented delivery service.
    (B) It has recently expanded its customer base.
    (C) It provides shuttle services for businesspeople.
    (D) It has just hired a new client relations manager.

            ○ △ ✕   ○ △ ✕   ○ △ ✕
            1回目 ☐☐☐   2回目 ☐☐☐   3回目 ☐☐☐

45. What has Mr. Larimer been trying to do?
    (A) Identify areas for improvement
    (B) Increase the range of business activities
    (C) Conduct an additional survey
    (D) Recruit new staff members

            ○ △ ✕   ○ △ ✕   ○ △ ✕
            1回目 ☐☐☐   2回目 ☐☐☐   3回目 ☐☐☐

46. What problem did previous customers mention?
    (A) Unfriendliness of staff
    (B) A lack of computer-related facilities
    (C) Relatively expensive fares
    (D) Unreliable Internet connections

            ○ △ ✕   ○ △ ✕   ○ △ ✕
            1回目 ☐☐☐   2回目 ☐☐☐   3回目 ☐☐☐

47. What are staff asked to do?
    (A) Schedule a meeting with Mr. Larimer
    (B) Comment on Mr. Larimer's suggestions
    (C) Share their thoughts with colleagues
    (D) Prepare goods for transportation

            ○ △ ✕   ○ △ ✕   ○ △ ✕
            1回目 ☐☐☐   2回目 ☐☐☐   3回目 ☐☐☐

CHAPTER 1

CHAPTER 2

CHAPTER 3

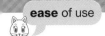
ease of use

44-47番は次の社内連絡に関するものです。

社内連絡

送信者： ウォルター・P・ラリメール 顧客関連部長
宛先： 顧客関連部社員
件名： 次回の会議
日付： 9月10日

❶空港や会議の会場までの移動手段を定期的に必要とするビジネス客を手放さずに留めておくことがスターライト・エクスプレスの収益性のカギを握ります。❷そこで、当社の特命チームが最近連絡を取っているのが、当社のリムジンサービスを過去に利用したことはあるがリピーターにはなっていない企業や個人のお客様です。❸これを行うことによって、顧客が満足していないことで我々が改善できそうなものがあるのか調査したいと思っています。例えば、運転手が遅刻するケースがあったのか、競合他社が低料金を提供しているのか、といったことです。

一部の意見で、当社の予約システムがとても使いづらいとの声がありました。❹また、USB ポートや無料 Wi-Fi のいずれも車内にないことについてのご指摘もありました。最近のビジネスパーソンはこういった機能を求めているようなので、可能な限りお客様のご要望にお応えする必要があるのかもしれません。

そういうわけで、次の火曜日の会議では実行可能な対策について話し合いたいと思います。受け取ったお客様の意見を全て転送します。❺コメントにしっかり目を通していただき、固定客数を増やすための案を次の会議で出していただけるとありがたいです。皆さんのご意見を伺うのを楽しみにしております。

Q44.　正解 (C)　　　　　　　　　　　　　　　正答率 ▶▶ **77**%

〔3ステップ解説〕

STEP1 Starlight Express 社について言えることを答える問題。

STEP2 第1段落冒頭文 Retaining business clients who regularly need transport to and from the airport or meeting venues is key to Starlight Express's profitability.（和訳❶）から、Starlight Express 社は空港や会議場を行き来するビジネス客に交通手段を提供する会社だということがわかる。また、同段落5行目に our limousine services とあるので、同社は **limousine**（**〔空港などの〕定期往復バス、〔運転手付きの〕大型高級車**）を保有していると考えられる。

STEP3 よって、(C) が正解。limousine services を **shuttle services**（**定期往復便サービス**）と言い換えている。

〔設問の訳〕　**44.** スターライト・エクスプレス社について何が述べられていますか?
(A) 顧客本位の配達サービスで有名だ。
(B) 最近顧客基盤を拡大した。
(C) ビジネスパーソン向けにシャトルサービスを提供している。
(D) 新しい顧客関連部長を採用したばかりだ。

Q45.　正解 (A)　　　　　　　　　　　　　　　正答率 ▶▶ **62**%

〔3ステップ解説〕

STEP1 Larimer さんがこれまで行ってきていることを答える問題。

STEP2 Larimer さんが書いている memo（社内連絡）の第1段落第2文 Therefore, our task force has recently been in contact with companies or individuals who have used our limousine services before but are not repeat customers.（和訳❷）、および第3文 By doing this, I hope to find out whether there was something clients were unsatisfied with, which we could then do better.（和訳❸）から、Larimer さんは **task force**（**問題解決のためのグループ**）による調査を通じて、以前 Starlight Express 社のサービスを利用したことはあるが現在 **repeat customers**（**再訪客、常連客**）にはなっていない人たちが満足していない点を、サービスの改善につなげようと試みていることがわかる。

STEP3 よって、(A) が正解。**identify** は「**（原因など）を特定する**」という意味。Larimer さんはお客様の声を聞いてサービスの改善を図ろうとしているのであって、事業活動の領域を広げようとしているわけではないので、(B) は不正解。

CHAPTER 1

CHAPTER 2

CHAPTER 3

keep **proof** of payment

設問の訳 **45.** ラリメールさんは何をしようとしていますか？

(A) 改善が必要な領域を特定する　　(B) 事業活動の範囲を広げる

(C) 追加のアンケート調査を行う　　(D) 新しいスタッフを採用する

スコアアップのポイント

Part 7 でぜひ押さえておいていただきたい2つのグループがあります。それは task force と focus group です。task force というのは、もともと task（任務）を遂行する force（軍隊）、すなわち特別部隊を指す軍事用語ですが、ビジネスの世界では、課題解決のために組織の中で一時的に結成される特命チームや特別対策本部の意味で使われます。一方、focus group は市場調査を目的として選ばれる消費者グループのことで、たとえば開発中の商品を実際に使用してもらい、アンケートやインタビューによって改善点につなげる情報を収集したり、ディスカッションを通じてお客様の生の声を今後の商品開発やサービス提供に生かしたりします。**task force** は「**問題解決のための特命チーム**」、**focus group** は「**市場調査のための消費者グループ**」と覚えておきましょう。

Q46. 正解 (B)　　　　　　　　　　　　　　　　正答率 ▶▶ **80**%

3ステップ解説

STEP1 以前の顧客が言及している問題を答える問題。

STEP2 第2段落第2文 Another pointed out that there were neither USB ports nor free Wi-Fi on our vehicles.（和訳❹）から、車内に USB ポートや Wi-Fi 環境が用意されていないという問題点を指摘している顧客がいることがわかる。

STEP3 よって、(B) が正解。USB ports や Wi-Fi を **computer-related facilities（コンピューター関連設備）**と言い換えている。第 2 段落冒頭文で予約システムが **far from user-friendly（とても利用者にとって使い勝手がよいとは言えない）**という意見は紹介されているが、**unfriendliness of staff（スタッフの不愛想さ〔不親切さ〕）**については述べられていないので、(A) は不正解。

設問の訳 **46.** 以前の顧客は何が問題だと述べていますか？

(A) スタッフの不親切さ　　　　　　(B) コンピューター関連設備の不足

(C) 比較的高い料金　　　　　　　　(D) 信頼性の低いインターネット接続

Q47. 正解 (C)　　　　　　　　　　　　　　　　正答率 ▶▶ **52**%

3ステップ解説

STEP1 スタッフが依頼されていることを答える問題。

STEP2 第3段落冒頭文および第2文で、来週火曜日の会議で feasible steps（実行可能な手段）を議論するための資料として顧客からのフィードバックを転送する旨伝えたあと、続く第3文で I would appreciate it if

150

you could check the comments thoroughly and come up with some ideas to increase established customers at the meeting.

（和訳❺）と、**established customers（確立された〔既存の〕顧客）**を増やすために会議の場で **come up with some ideas（いくつかアイディアを出す）**ようスタッフに依頼している。

STEP3 よって、それを「自分の考えを同僚と共有する」と言い換えている (C) が正解。Larimer さんは自分の提案に対するコメントをスタッフに依頼しているわけではないので、(B) は不正解。

設問の訳 **47.** スタッフは何をするよう依頼されていますか？
(A) ラリメールさんとの打ち合わせの予定を入れる
(B) ラリメールさんの提案についてコメントする
(C) 同僚と意見を共有する
(D) 輸送する商品を準備する

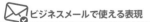

ビジネスメールで使える表現

We may need to accommodate customers' requests as much as possible.
（私たちはできるだけ顧客の要望に応える必要があるかもしれません。）

I would appreciate it if you come up with some ideas at the meeting.
（ミーティングでアイディアを出していただけるとありがたいです。）

キーワードをチェック!!

🔽34

□ evaporate	イヴァパレイト [ivǽpəreit]	動 他 ～を蒸発させる 自 蒸発する
□ festivalgoer	フェスティヴァルガウア [féstivəlgəuər]	名 C (イベントなどの) お祭りに 参加する人
□ flock	フラック [flák]	動 自 集まる、群がる 名 C ①(羊や鳥などの) 群れ ②(人の) 群れ、集まり 同 crowd
□ organizer	オーガナイザー [ɔ́ːrɡənaizər]	名 C 主催者、事務局
★ □ up-and-coming	アパンカミング [ʌpənkʌ́miŋ]	形 (人や物事が) 成功しそうな、 新進気鋭の
★ □ stall	スタール [stɔ́ːl]	名 C 売店、露店
★ □ authentic	アーセンティック [ɔːθéntik]	形 (歴史的な観点で) 本物の、本 場の
□ mouth-watering	マウスワタリング [máuθwɔtəriŋ]	形 (食べ物が) 食欲をそそる、お いしそうな
★ □ host	ホウスト [hóust]	動 他 ①(会場など) を提供する ②(番組など) を紹介する 名 C ①(イベントなどの) 主催者、 ホスト ②(番組などの) 司会者
★ □ enthrall	インスラール [inθrɔ́ːl]	動 他 ～を魅了する
□ judging from ～		～から判断すると
□ on the outskirts of ～		～の郊外に
□ benefit from ～		～から恩恵を受ける

152

The company is u-------.　その会社は人手不足だ。

意識すべきポイントをチェック!!

❶ 設問数&文書タイプの確認

Questions **48-51** refer to the following **article**.

Point 誰が何のために記事を書いたのか意識しながら読む。

❷ レイアウトの確認

Point 本文に1文挿入問題の空所 **[1]〜[4]** が空いていることを確認する。

Point 4つの段落で構成されていることを確認する。

戦略 「1文挿入問題で与えられている1文」と「最初の設問」を両方チェックしてから本文を読み始める!（P26 参照）

❸ 設問文の確認

Point 1文挿入問題の1文→最初の設問の順にチェックする。

51. In which of the positions marked [1], [2], [3], and [4] does the following sentence best belong?
"**XXXXXXXXXXXXXXXXXXXXXXXXXXXXXXXXXXX**."

48. **What** is **indicated** about ...?

Point 1文挿入問題の1文と、最初の設問の内容(要点)を記憶する。

❹ 本文を読む

タイトル	
第1段落を全て読む -------.– [1] –.	------------------------------ ------------. ----------------------- ------.– [3] –.--------------- ------------------------. --- ----------------.– [4] –. ------------------------ -------.
-------------.----------------- -------------.--------------- ---.– [2] –.------------	

Point 途中で空所が登場するたびに、与えられた1文がその場所に挿入できるか否かを検討する。

❺ 選択肢の確認

Point 設問48の選択肢をチェックして正解を判断する。

❻ 解答する

解答欄にマークする。

Point 設問51は1文が入る空所がわかった時点で解答する。

※設問49, 50についても、同様に❸〜❻を繰り返す（❹で読む段落は先に進める）

153

目標タイム **4** 分

Questions 48-51 refer to the following article.

35

FolkOut Wraps Up!

PERTH (19 July) – Worries about heavy rain ruining this year's FolkOut folk music festival evaporated in the warm sunshine on the weekend. The annual event, which features folk musicians from around the United Kingdom and beyond, was a huge success judging from the happy faces on the thousands of festivalgoers who flocked to Perth. – [1] – .

This year's festival was the first to take place over two days due to the increasing demand for tickets year on year. It was also decided to move location from the city's Merchant Square to fields on the outskirts of town. – [2] – . This allowed organizers to offer camping facilities to people attending on both days – another reason to be thankful for the good weather!

The lineup of bands and singers featured many up-and-coming artists. – [3] – . One thing that didn't change was the range of food stalls. Everything from authentic British classics to mouth-watering Middle Eastern dishes kept the hungry crowds satisfied. – [4] – .

Tom Braithwaite, who hosted FolkOut on his land, commented, "The organizers did a great job, and I'm sure local bars and shops benefitted from the extra visitors to Perth. Let's hope next year's is even better."

48. What is indicated about FolkOut?
(A) It takes place every other year.
(B) It has risen in popularity.
(C) It is usually held in the Merchant Square.
(D) It was delayed due to bad weather.

```
        ○ △ ×              ○ △ ×              ○ △ ×
1回目 □□□    2回目 □□□    3回目 □□□
```

49. According to the article, what remained the same from last year's festival?
(A) The price of concert tickets
(B) The range of food choices
(C) The duration of the event
(D) The number of musicians

```
        ○ △ ×              ○ △ ×              ○ △ ×
1回目 □□□    2回目 □□□    3回目 □□□
```

50. Who most likely is Tom Braithwaite?
(A) An event organizer
(B) A shop manager
(C) A folk singer
(D) A property owner

```
        ○ △ ×              ○ △ ×              ○ △ ×
1回目 □□□    2回目 □□□    3回目 □□□
```

51. In which of the positions marked [1], [2], [3], and [4] does the following sentence best belong?

"However, what enthralled the audience most was the appearance of the world-famous guitarist Marv Henson."

(A) [1]
(B) [2]
(C) [3]
(D) [4]

```
        ○ △ ×              ○ △ ×              ○ △ ×
1回目 □□□    2回目 □□□    3回目 □□□
```

CHAPTER 1

CHAPTER 2

CHAPTER 3

relevant work experience

48-51番は次の記事に関するものです。

フォークアウトが終了！

パース（7月19日）— ❸今年のフォークソングの音楽フェスであるフォークアウトが大雨で台無しになるという心配は、週末の暖かな日差しによって消え失せた。イギリス周辺とその他の地域のフォークソングミュージシャンを目玉とする毎年恒例の同イベントは、パースへ押し寄せた何千人ものフェスティバル参加者の幸せそうな表情から判断して大成功だったと言える。–[1]–。

❶チケットの需要が毎年増加していることを受け、今年のフェスは初めての2日間開催となった。❷また、開催地は市内のマーチャント・スクエアから郊外の土地へ移されることになった。–[2]–。これにより、運営者は両日参加する人を対象にキャンプ用の設備を提供することができた。これが晴天に感謝するもう1つの理由である!

バンドや歌手の顔ぶれは、多くの前途有望なミュージシャンを特徴としていた。–[3]–。❹唯一変化しなかったのは、種類豊富な屋台だ。❺伝統的なイギリス料理から食欲をそそる中東料理まですべて揃った料理は、空腹の顧客を常に満足させた。–[4]–。

❻フォークアウトのために自身の土地を提供したトム・ブレイスウェイトは次のように述べた。「運営者は良い仕事をしてくれたし、地元のバーや店舗はパースを訪れた多くのお客様から恩恵を受けたと確信しています。来年はさらに良いフェスティバルになるよう願いましょう。」

Q48.　正解 (B)　　　　　　　　　　　　　　正答率 ▶▶ 68%

〔3ステップ解説〕

STEP1 FolkOut について言えることを答える問題。

STEP2 第2段落冒頭文で This year's festival was the first to take place over two days due to the increasing demand for tickets year on year. (和訳❶) と伝えているので、フォーク音楽の祭典である FolkOut は年々チケットを買い求める人が増えていることがわかる。

STEP3 よって、(B) が正解。**rise in popularity** は「**人気が上昇する（高まる）**」という意味。FolkOut は第1段落第2文から **annual event**（**年に一度のイベント**）だとわかるので、(A) は不正解。第2段落第2文に It was also decided to move location from the city's Merchant Square to fields on the outskirts of town. (和訳❷) とあるが、この1文から FolkOut が通常 Merchant Square で開催されているかどうかを判断することはできないので、(C) も不正解。また、第1段落冒頭文の Worries about heavy rain ruining this year's FolkOut folk music festival evaporated in the warm sunshine on the weekend. (和訳❸) から、今年の FolkOut は心配された悪天候の影響を受けなかったことがわかるので、(D) も不正解。

〔設問の訳〕**48.** フォークアウトについて何が述べられていますか？
　　(A) 2年に一度開催される。
　　(B) 人気が上昇している。
　　(C) いつもマーチャント・スクエアで開催される。
　　(D) 悪天候によって遅れた。

☝スコアアップ♪のポイント

イベントの開催頻度は設問に絡むことが多いので、イベントの紹介文に登場する"タイミング・頻度を表す単語やフレーズ"は積極的に記憶に留めておくようにしてください。特に、頻出する **annually**（**毎年**）= **once every year**（**年に一度**）と、**every other year**（**1年おきに、隔年で**）= **once every two years**（**2年に一度**）をセットで押さえておくとスコアアップにつながります。

Q49.　正解 (B)　　　　　　　　　　　　　　正答率 ▶▶ 84%

〔3ステップ解説〕

STEP1 昨年のフェスティバルから変わっていないものを答える問題。

STEP2 第3段落にある空所 [3] の直後の1文に、One thing that didn't change was the range of food stalls. (和訳❹) とあるので、**food stalls**（**屋台**）の種類は昨年のフェスティバルと同じだということがわかる。また、続く Everything from authentic British classics to mouth-watering Middle Eastern dishes kept the hungry crowds satisfied. (和訳❺) から、屋台では様々な地域の料理が販売されていたことがわかる。

STEP3 よって、(B) が正解。チケットの値段やミュージシャンの数が昨年と同じだったのかどうか判断できる記述は本文にないので、(A) も (D) も選ぶことはできない。**duration of the event**(**イベントの期間**)については、第2段落冒頭文から、これまでよりも日数を増やして今回初めて2日間のイベントを実施したことがわかるので、(C) も不正解。

設問の訳 **49.** 記事によると、昨年のフェスティバルと何が同じですか?
(A) コンサートのチケット代金　　　(B) 食事の種類
(C) イベント期間　　　(D) ミュージシャンの数

Q50. 正解 (D)　　　正答率 ▶▶ 47%

3ステップ解説

STEP1 Tom Braithwaite は誰なのかを推測して答える問題。

STEP2 最終段落冒頭文の Tom Braithwaite, who hosted FolkOut on his land(和訳❻)と、第2段落第2文の It was also decided to move location from the city's Merchant Square to fields on the outskirts of town.(和訳❷)から、Braithwaite さんは FolkOut のためにパース郊外にある自分の土地を提供した人だと考えられる。

STEP3 よって、(D) が正解。**host** には①「**(〜の会場など)を提供する**」と②「**(番組など)を紹介する**」という2つの意味があるが、ここでは①の意味で使われている。最終段落の2〜3行目で Braithwaite さんが The organizers did a great job とコメントしていることから、Braithwaite さんは主催者ではないので、(A) は不正解。

設問の訳 **50.** トム・ブレイスウェイトはおそらく誰ですか?
(A) イベント運営者　　　(B) 店長
(C) フォークシンガー　　　(D) 土地の所有者

Q51. 正解 (C)　　　正答率 ▶▶ 76%

3ステップ解説

STEP1 与えられた1文を挿入する適切な位置を答える問題。

STEP2 正解を特定するうえで大事なポイントとなるキーワードは、1文の文頭にある逆接・対比の接続副詞 however(しかしながら)である。**enthrall** は「**〜を魅了する**」、**appearance** は「**登場**」という意味なので、空所の直前にある1文は「観客を最も魅了したのは世界的に有名なギタリスト Marv Henson の登場だった」とは対照的な内容でな

け ればならない。[3] に入れれば、直前の1文にある **up-and-coming artists**（**新進気鋭のアーティスト**）と、与えられた1文にある the world-famous guitarist Marv Henson が、対照的な登場人物として観客の熱狂ぶりを対比するかたちで描かれることになり文意を成す。

STEP3 よって、(C) が正解。

設問の訳 **51.** [1]、[2]、[3]、[4] のうち、次の文が入る最も適切な箇所はどこですか?
「しかし、観客を最も魅了したのは世界的に有名なギタリストであるマーブ・ヘンソンの登場だった。」
(A) [1]　　　　　　　　　　(B) [2]
(C) [3]　　　　　　　　　　(D) [4]

スコアアップのポイント

〈場所〉+ goer は、その場所に頻繁に足を運ぶ人のことを指します。Part 7 では、**beachgoer**（**海水浴客**）、**festivalgoer**（**お祭り好き〔の人〕**）、**theatergoer**（**観劇ファン**）の3つが頻出します。

the **shade** of color

キーワードをチェック!!

⬇ 36

☐ sightseer	サイトスィーア [sáitsi:ər]	名 C 観光客	
★ ☐ entrepreneur	アーントレプレナー [a:ntrəprəné:r]	名 C 起業家	
★ ☐ found	ファウンド [fáund]	動 他 ～を設立〔創設〕する	
★ ☐ deplete	ディプリート [diplí:t]	動 他 ～を減少させる、枯渇させる	
★ ☐ grant	グラント [grǽnt]	動 他 ①(請願など) を許可する ②(許可など) を与える 名 C 補助金、助成金	
★ ☐ informative	インフォーマティヴ [infɔ́:rmətiv]	形 有益な、ためになる	
★ ☐ landmark	ランドマーク [lǽndmɑ:rk]	名 C ①(建物などの) 目印となる もの ②歴史的建造物 ③画期的な出来事	
★ ☐ complimentary	カンプラメンタリィ [kampləméntəri]	形 無料の 同 free	
☐ concierge	カーンスィエージ [ka:nsiéərʒ]	名 C (ホテルなどの) コンシェルジュ、案内人	
★ ☐ invaluable	インヴァリュアブル [invǽljuəbl]	形 とても役立つ、貴重な	
★ ☐ refreshment	リフレッシュメント [rifréʃmənt]	名 C 軽食 注 通例 refreshments UC 飲食物全般 同 food and drink	
★ ☐ reception	リセプシャン [risépʃən]	名 C ①宴会、歓迎会 ②反応 UC ①受付 ②(電波などの) 受信状態	
★ ☐ start-up	スタートアップ [stá:rtʌp]	名 C 新興企業 形 創業したばかりの	
☐ thanks to ～		～のおかげで	
☐ free of charge		無料で	
☐ meet with ～		①(人) と会う ②(反応など) を受ける	
☐ place an ad		広告を出す	

160

意識すべきポイントをチェック!!

❶ 設問数&文書タイプの確認

Questions **52-55** refer to the following **article**.

Point 誰が何のために記事を書いたのか意識しながら読む。

❷ レイアウトの確認

Point 本文に1文挿入問題の空所 **[1]** 〜 **[4]** が空いていることを確認する。

Point 3つの段落で構成されていることを確認する。

戦略 「1文挿入問題で与えられている1文」と「最初の設問」を両方チェックしてから本文を読み始める!（P26 参照）

❸ 設問文の確認

Point 1文挿入問題の1文→最初の設問の順にチェックする。

55. In which of the positions marked [1], [2], [3], and [4] does the following sentence best belong?
"**XXXXXXXXXXXXXXXXXXXXXXXXXXXXXXXXX**."

52. **What** is **the purpose** of the article?

Point 1文挿入問題の1文と、最初の設問の内容(要点)を記憶する。

❹ 本文を読む

タイトル

----------– [1] –.----------
--.--------------------------
-------------.– [2] –.-------
------. 第1段落を全て読む

----------------.– [3] –.----

----------------. ----------
----------. ------------------
--------------------. --------
---.– [4] –.

-------.--------. -----------
-------.

Point 途中で空所が登場するたびに、与えられた1文がその場所に挿入できるか否かを検討する。

❺ 選択肢の確認

Point 設問52の選択肢をチェックして正解を判断する。

❻ 解答する

解答欄にマークする。

Point 設問55は1文が入る空所がわかった時点で解答する。

※設問53, 54についても、同様に❸〜❻を繰り返す（❹で読む段落は先に進める）

目標タイム **4** 分

Questions 52-55 refer to the following article.

🔽 37

What's New in Pontonville

Many have often thought we don't offer enough services to sightseers in Pontonville. – [1] – . But thanks to young entrepreneurs, there is now a new way to show them around town! Claude Delaney and Melissa Williams, both of whom were born and raised in Pontonville, founded D&W Tours and started their bicycle tour business two months ago. – [2] – . Riders can carry two passengers in the back of a battery-assisted bike. When batteries are depleted, they can be recharged by solar power.

Keen to encourage the eco-friendly business, Pontonville City Council granted D&W Tours a permit to operate from St. David's Park free of charge. – [3] – . Most of the riders are local university students, providing tours of the old city while giving informative commentary on city landmarks and history. They'll even carry along hot or iced beverages, depending on the season, to give passengers as a complimentary service. Besides, riders act as a concierge, giving out-of-towners invaluable advice on where to eat great local food and helping with language barriers. – [4] – .

"I know what a great tourist destination Pontonville is, and I saw a gap in the market for fun tours by local people," Delaney said. "As we have received a lot of favorable feedback so far, we're planning to increase the number of bikes and tour routes in the near future."

52. What is the purpose of the article?
(A) To describe the history of Pontonville
(B) To promote job openings of a travel agency
(C) To report on efforts to increase tourist numbers
(D) To profile a recently launched business

○ △ ✕   ○ △ ✕   ○ △ ✕
1 回目 ☐☐☐   2 回目 ☐☐☐   3 回目 ☐☐☐

53. According to the article, what is NOT offered by D&W Tours?
(A) Free refreshments
(B) Student discounts
(C) Historical information
(D) Restaurant recommendations

○ △ ✕   ○ △ ✕   ○ △ ✕
1 回目 ☐☐☐   2 回目 ☐☐☐   3 回目 ☐☐☐

54. What is indicated about D&W Tours?
(A) It has been met with a good reception.
(B) It has acquired an additional grant from a local government.
(C) It intends to purchase additional auto equipment.
(D) It is planning to relocate from St. David's Park.

○ △ ✕   ○ △ ✕   ○ △ ✕
1 回目 ☐☐☐   2 回目 ☐☐☐   3 回目 ☐☐☐

55. In which of the positions marked [1], [2], [3], and [4] does the following sentence best belong?

"They also backed the start-up by placing an ad on their Web site."

(A) [1]
(B) [2]
(C) [3]
(D) [4]

○ △ ✕   ○ △ ✕   ○ △ ✕
1 回目 ☐☐☐   2 回目 ☐☐☐   3 回目 ☐☐☐

CHAPTER 2

52-55番は次の記事に関するものです。

ポントンビルの最新情報

ポントンビルでは観光客に十分なサービスが提供されていないと考える人が多くいる。−[1]−。しかしながら、若い起業家たちのおかげで、今では観光客にこの街を案内する新たな方法がある。❶クロード・デラニーとメリッサ・ウィリアムズは共にポントンビルで生まれ育ち、2か月前にD&Wツアーズを設立して自転車ツアー事業を始めた。−[2]−。運転手は電動自転車の後ろに二人の乗客を乗せて移動することができる。バッテリーが消耗したときには、太陽光エネルギーで充電することも可能だ。

❼環境に配慮したビジネスを推進することに熱心なポントンビル市は、D&Wツアーズがセント・デービッド・パークにて無償で営業することを認可した。−[3]−。❹運転手の多くは地元の大学生で、市内の歴史的建造物や歴史についての有益な情報を解説しながらこの古い都市のツアーを提供している。❸運転手は、乗客に提供する無料のサービスとして、季節に応じた温かい飲み物や冷たい飲み物も持ち運んでいる。❺さらに、運転手はコンシェルジュの役割も担っており、町の外から来た人々に地元料理を食べられる場所についての価値あるアドバイス提供や、言語の障壁に対する手助けを行っている。−[4]−。

「❷ポントンビルが素晴らしい観光地であることは知っていますし、地元の人々が楽しみながら行うツアーの市場におけるギャップを感じていました。❻これまで好意的なご意見を数多くいただいたので、❽近い将来自転車の台数や観光ルートを増やすつもりです。」とデラニー氏は述べた。

Q52.　正解 (D)　　　　　　　　　　正答率 ▶▶ **73**%

【3ステップ解説】

STEP1 記事が書かれた目的を答える問題。

STEP2 第1段落冒頭で Pontonville 市に新たな観光サービスをもたらした **young entrepreneurs（若い起業家）** の存在に触れたあと、7〜12 行目の Claude Delaney and Melissa Williams ... founded D&W Tours and started their bicycle tour business two months ago. (和訳❶) で、具体的に Delaney さんと Williams さんが2か月前に自転車ツアーの会社を創業した旨を伝えている。また、第2段落以降もそのサービスについての紹介が続く。

STEP3 よって、(D) が正解。D&W Tours を **a recently launched business（最近始めたビジネス）** と言い換えている。D&W Tours の創業によって結果的に将来 Pontonville 市の観光客が増加する可能性はあるが、最終段落冒頭文にある Delaney さんのコメント I know what a great tourist destination Pontonville is, and I saw a gap in the market for fun tours by local people (和訳❷) からも推測できるように、D&W Tours は Pontonville 市の観光客を増やすために創業されたわけではなく、地元の人たちと楽しみながら観光地を巡るツアーのニーズに応えるために創業されたと考えられるので、(C) は不正解。

【設問の訳】 **52.** 記事の目的は何ですか?
(A) ポントンビルの歴史を説明すること
(B) 旅行代理店の求人を宣伝すること
(C) 観光客を増やす取り組みを報告すること
(D) 最近始めたビジネスの概略を述べること

☝️スコアアップ🎵のポイント

TOEICにおいて、profile は「略歴、プロフィール」という名詞の意味よりも、「〜の概略を述べる（書く）、〜の略歴を紹介する」という動詞の意味の方が大事です。**profile a successful business（成功している事業の概略を述べる）** や **profile a young entrepreneur（若い起業家の略歴を紹介する）** といったフレーズで押さえておきましょう。

Q53.　正解 (B)　　　　　　　　　　正答率 ▶▶ **81**%

【3ステップ解説】

STEP1 D&W Tours によって提供されていないものを答える問題。

STEP2 NOT 問題なので、選択肢と本文の内容を照らし合わせて、本文の内容と合わない選択肢を1つ選ぶ。(A) の **free refreshments（無**

料の軽食〔飲食物〕）については第2段落中ほどの They'll even carry along hot or iced beverages, depending on the season, to give passengers as a complimentary service.（和訳 ❸）で、**complimentary service**（**無料のサービス**）として記載されている。(C) の歴史に関する情報については、第2段落にある空所 [3] の直後の1文 Most of the riders are local university students, providing tours of the old city while giving informative commentary on city landmarks and history.（和訳 ❹）に、**city landmarks**（**市の歴史的建造物**）と歴史に関する情報の提供について記載されている。(D) のレストランの推薦（提案）については、空所 [4] の直前の1文 Besides, riders act as a concierge, giving out-of-towners invaluable advice on where to eat great local food and helping with language barriers.（和訳 ❺）で、地元の美味しい料理を食べることができる場所について観光客に **invaluable advice**（**貴重なアドバイス**）をしていると記載がある。

STEP3 学生割引については本文に記載がないので、(B) が正解。

設問の訳 **53.** 記事によると、D&W ツアーズ社によって提供されていないのは何ですか？
(A) 無料の軽食　　　　　　　　　　(B) 学生割引
(C) 歴史に関する情報　　　　　　　(D) レストランの推薦

☝スコアアップ⤴のポイント

NOT 問題では、選択肢ファーストの解き方（先に選択肢 (A) 〜 (D) の内容をチェックしてから本文にそれぞれの情報を探しに行く解き方）は、次の3つの理由でお薦めしません。まず1つ目は、4つの選択肢の内容をそれぞれ記憶する必要があるので、選択肢が語句ではなく文の場合は覚えきれない可能性があります。2つ目は、仮に選択肢の内容を覚えられたとしても、本文を読んでいるうちに忘れてしまうと、結局選択肢と本文を行き来する回数が増えてタイムロスにつながりかねません。3つ目は、選択肢に並んでいる情報の順番と、本文に登場する情報の順番は必ずしも一致しないので、確認作業の途中で混乱してしまう可能性を否定できません。NOT 問題は、読み進めたところまでの本文の内容をもとに、選択肢 (A) から順番に正誤を判断していく解き方が、最も自然で無駄のない解き方です。

Q54. 正解 (A)　　　　　　　　　　　　　　　　　　　　　正答率 ▶▶ **29**%

3ステップ解説

STEP1 D&W Tours について言えることを答える問題。

STEP2 第3段落の最終文に、Delaney さんのコメントとして As we have received a lot of favorable feedback so far（和訳 ❻）とあるので、D&W Tours のサービスは観光客に好評だということがわかる。

STEP3 よって、(A) が正解。**receive a lot of favorable feedback**（**多**

くの好意的なフィードバックを得る）を **be met with a good reception**（**良い反応を受ける、好評を得る**）と言い換えている。第2段落冒頭文 Keen to encourage the eco-friendly business, Pontonville City Council granted D&W Tours a permit to operate from St. David's Park free of charge.（和訳 ❼）から、D&W Tours は **city council**（**市議会**）から St. David's Park で営業する **permit**（**許可証**）を与えられているが、**local government**（**地方自治体**）から **additional grant**（**追加の助成金〔補助金〕**）を得たとはどこにも記載されていないので、(B) は不正解。また、第3段落の最終文の we're planning to increase the number of bikes and tour routes in the near future（和訳 ❽）で将来的な自転車の購入について触れているが、**auto equipment**（**自動車用品**）の購入とは異なるので (C) も不正解。

設問の訳 **54.** D&W ツアーズ社について何が述べられていますか?
(A) 好評を得ている。
(B) 地方自治体から追加の補助金を得た。
(C) 追加の自動車用品を購入する予定だ。
(D) セント・デービッド・パークから移転する予定だ。

👆 スコアアップ 🎵 のポイント

(be) keen to は「~することを熱望して、しきりに~したがって」という意味で、そうしたいという気持ちで溢れている様子を伝える少しハイレベルな表現です。同じ意味を表す (be) eager to（しきりに~したがって）と併せて押さえておきましょう。

Q55. 正解 (C) 正答率 ▶▶ **41**%

3ステップ解説

STEP1 与えられた1文を挿入する適切な位置を答える問題。

STEP2 正解を特定するうえで大事なポイントとなるキーワードは、主語の they と直後にある also（同様に）である。また、1文にある **back** は「**~を支援する**」、**start-up** は「**創業したばかりの企業、新興企業**」、**place an ad** は「**広告を出す**」という意味なので、「彼らはまた、自分たちのウェブサイト上に広告を掲載することでその新興企業を支援した」という意味の1文が入る適切な空所を検討する。[3] に入れれば、they が直前の文に登場する Pontonville City Council を指して、D&W Tours に対する営業許可と宣伝広告という支援内容を述べる文が続くことになり、つながりがとても良い。

STEP3 よって、(C) が正解。[1]、[2]、[4] については、直前の文にそれぞれ they で受けることができる名詞はあるものの、内容的につながらないので不適切。

 **55.** [1]、[2]、[3]、[4] のうち、次の文が入る最も適切な箇所はどこですか?

「彼らはまた、自分たちのウェブサイト上に広告を掲載することでその新興企業を支援した。」

(A) [1]

(B) [2]

(C) [3]

(D) [4]

🖐️スコアアップ⤴のポイント

ad は advertisement の略語です。place an ad と併せて **run an ad (広告を出す)** も押さえておきましょう。また、**Web ads (ウェブ広告)** や **no ads (広告なし)** のように、略語のまま複数形にすることができるということも覚えておいてください。

DP/TP

マルティプルパッセージ

5問タイプ

マルティプルパッセージ

3つの心得！

ここからは、1つの問題セットに2つまたは3つの文書が登場するマルティプルパッセージ問題です。マルティプルパッセージと聞くと、何となくハードルが高そうに感じるかもしれませんが、次の "3つの心得" を胸に、落ち着いて臨めば大丈夫です！

1 解き方は基本的に
シングルパッセージ問題と同じ

ダブルパッセージ問題だから、トリプルパッセージ問題だからといって何か特別な解き方をしなければいけないというわけではありません。シングルパッセージ問題と同じ解法の手順を踏めばOKです。

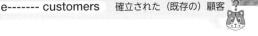

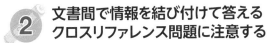

2　文書間で情報を結び付けて答える クロスリファレンス問題に注意する

シングルパッセージ問題との違いは、1つの文書を読んだだけでは解答できない設問が5問中1〜3問出題されるという点です。1つの文書を読んでも答えが出せない場合は、残りの文書を読み、関連する情報を結び付けて解答するようにしましょう。

3　時間がなくても 同義語問題は必ず解く

同義語問題（P23参照）は、該当語句の前後を見ればすぐに解ける問題もあります。本番のテストで残り時間がわずかになっても、諦めずに同義語問題だけは積極的に解きにいきましょう。

established customers

キーワードをチェック!!

⬇38

	□ further	ファーザァー [fə́ːrðər]	形 さらなる　副 さらに
★	□ curator	キュレイター [kjúəreitər]	名 C (美術館などの) 館長、学芸員
	□ sculpture	スカルプチャー [skʌ́lptʃər]	名 C UC 彫刻作品　UC 彫刻
	□ sculptor	スカルプター [skʌ́lptər]	名 C 彫刻家
	□ catering	ケイタリング [kéitəriŋ]	名 UC ケータリング、出前
★	□ initiate	イニシエイト [iníʃieit]	動 他 (重要なことなど) を開始する
★	□ excursion	イクスカージァン [ikskə́ːrʒən]	名 C 小旅行、遠足
★	□ cutting-edge	カティングエッジ [kʌ́tiŋedʒ]	形 最先端の
★	□ periodically	ピリィアディカリィ [piəriádikəli]	副 定期的に、時々
★	□ advance	アドヴァンス [ædvǽns]	動 他 ～を前進させる、(能力など) を高める　自 前進する 形 事前の 名 C 前進、進歩
	□ per person		一人あたり
	□ be intended for ～		(目的などが) ～に向けられている、～を対象としている
★	□ on behalf of ～		～の代わりに、～を代表して
	□ come across ～		①(人) に偶然出くわす ②(何か) を偶然見つける
★	□ be highly regarded		高く評価されている
	□ whether or not ～		～するのかどうか (しないのか)

意識すべきポイントをチェック!!

① 設問数&文書タイプの確認
Questions **56-60** refer to the following **Web page** and **e-mail**.

② レイアウトの確認

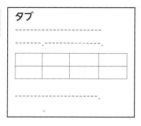

③ 設問文の確認
56. **What** does the **Web page indicate** about ...?
57. **Why** did ... write the **e-mail**?

Point 設問で問われている内容（要点）を記憶する（最初の2問のみ）。
設問56は indicate が使われているので、あまり推測する必要はないと判断する。
設問57以降はe-mailを読まないと解答できないと判断する。

戦略 まずはウェブページをすべて読んで設問56にトライ!

④ 本文を読む

ウェブページをすべて読む

⑤ 選択肢の確認
Point 本文の内容の言い換えや誤答の選択肢のひっかけに注意しながら**設問56の選択肢をチェックして正解を判断**する。

⑥ 解答する
解答欄にマークする。

※設問57〜60についても、同様に③〜⑥を繰り返す（④で読む箇所〔文書〕は e-mail）
※ダブルパッセージでは、**2つの文書の情報を紐づけて解答するクロスリファレンス問題（P27参照）に注意**する。

Questions 56-60 refer to the following Web page and e-mail.

| About | Exhibitions | **Events** | Shop |

The Benedict Modern Art Museum (BMAM), located in the art district of Westhoff, has been offering a wide range of events to the community for more than 80 years. To further widen the scope of our activities, we will launch a new after-hours tour service from October 1. Private groups, corporations, and nonprofit organizations throughout the metropolitan area can enjoy our exclusive tours that begin after the museum closes to regular visitors at 5 P.M.

BMAM After-hours tours

Program Type	Description	Price Per Person
Basic	Guided tour looking around BMAM	$12
Standard	Basic + video screening	$20
Academic	Standard + lecture*	$70
Premium	Academic + workshop**	$100

* Topic: History of art / Lecturer: Nuria Sarmiento (curator)
**Topic: Practical sculptures / Instructor: Jason Allen (local sculptor)

Please note that the tours are intended for groups of ten or more and can only be booked for weekdays. For an additional fee, we will be happy to arrange catering. To register, go to www.bmam.com/events/register. Contact Carol Ling at c.ling@bmam.com with any questions.

To:	c.ling@bmam.com
From:	kedianolarcan@onegomail.com
Date:	September 28
Subject:	After-hours tour

Dear Ms. Ling,

I am writing to you on behalf of Nevolo Studio. We came across your newest event on your Web site the other day and would like to book one of your after-hours tours for twenty of us for Wednesday, October 15. We are an art academy and our students have often drawn inspiration from your exhibits, projects, and special programs.

We would like to attend the scheduled talk by the curator to gain more insight into the history of art. We also want to receive hands-on training, as the instructor is highly regarded in online reviews. No catering service is necessary.

Could you send me the outline of the tour, as well as the estimated total package price? I would also like to know whether or not we have to submit a deposit.

Thank you.

Kedian O'Larcan
Head of Training
Nevolo Studio

56. What does the Web page indicate about BMAM?

(A) It relocated to Westhoff 80 years ago.
(B) It will initiate special public programs.
(C) Its opening hours are limited to weekdays.
(D) It serves complimentary refreshments.

1 ⊡⊟ ○△✕ 2 ⊡⊟ ○△✕ 3 ⊡⊟ ○△✕

57. Why did Mr. O'Larcan write the e-mail?

(A) To express appreciation to the museum
(B) To inquire about an upcoming excursion
(C) To sign up for an evening tour
(D) To request information about exhibits

1 ⊡⊟ ○△✕ 2 ⊡⊟ ○△✕ 3 ⊡⊟ ○△✕

58. What is suggested about Nevolo Studio?

(A) It is well-known for its cutting-edge education.
(B) It is conveniently located in the art district of Westhoff.
(C) The works of its students are often exhibited at BMAM.
(D) Its members periodically visit artistic events at the museum.

1 ⊡⊟ ○△✕ 2 ⊡⊟ ○△✕ 3 ⊡⊟ ○△✕

59. What program type will Mr. O'Larcan most likely reserve?

(A) Basic
(B) Standard
(C) Academic
(D) Premium

○ △ ✕
1回目 ☐☐☐ 2回目 ☐☐☐ 3回目 ☐☐☐

60. What does Mr. O'Larcan ask Ms. Ling to do?

(A) Arrange for private catering
(B) Inform him about an advance payment
(C) Send a link to a relevant Web site
(D) Check whether a credit card is acceptable

○ △ ✕
1回目 ☐☐☐ 2回目 ☐☐☐ 3回目 ☐☐☐

56-60番は次のウェブページとメールに関するものです。

---

http://www.bmam.com/events

| 当館について | 展示品 | **イベント** | ショップ |

ベネディクト現代美術館（BMAM）はウェストホフの芸術地区にあり、80年以上にわたってこの地区に多種多様なイベントを提供しています。❶当館のアクティビティーの領域をさらに広げるために、10月1日より、閉館後に新しいツアーを開始します。❷都心部にある民間団体、企業、非営利組織の皆さまには、一般のお客様がお帰りになる午後5時以降に開始する当館の限定ツアーをお楽しみいただけます。

BMAMアフターアワーズ・ツアー

プログラムの種類	説明	1名あたりの料金
ベーシック	BMAMを見て回る ガイド付きツアー	12ドル
スタンダード	ベーシック + ビデオ上映	20ドル
アカデミック	スタンダード + 講義 *	70ドル
プレミアム	アカデミック + ワークショップ **	100ドル

* テーマ：美術史／講師：ヌリア・サルミエント（学芸員）

** テーマ：彫刻実技／講師：ジェイソン・アレン（地元彫刻家）

こちらのツアーは10名様以上の団体様に限り平日にご予約いただけますのでご留意ください。追加料金にて、ケータリングサービスを手配することもできます。お申込みの方は、www.bmam.com/events/register にアクセスしてください。ご質問がありましたらキャロル・リン（c.ling@bmam.com）にご連絡ください。

宛先：	c.ling@bmam.com
送信者：	kedianolarcan@onegomail.com
日付：	9月28日
件名：	アフターアワーズ・ツアー

リン様

ネヴォロ・スタジオを代表してご連絡差し上げます。❸先日、貴館のウェブサイトで最新のイベントについて知り、10月15日（水）に20名でアフターアワーズ・ツアーを予約したいと思っております。❹当スタジオは芸術学校で、生徒は貴館の展示品や企画、特別プログラムからよくひらめきを得ております。

❺美術史についてさらなる洞察力を得るため、予定されている学芸員の方による講演に出席したいと考えています。❻オンラインのレビューで講師の方が高く評価されていたので、実技講座も受けたいと思っております。ケータリングサービスは不要です。

❼総額の見積書とツアーの概要をお送りいただけますでしょうか。❽手付金を支払う必要性の有無についても教えていただけると幸いです。

よろしくお願いいたします。

ケディアン・オラーカン
研修責任者
ネヴォロ・スタジオ

Q56. 正解 (B)　　　　　　　　　　　　　正答率 ▶▶ **68**%

3ステップ解説

STEP1 BMAMについて言えることを答える問題。

STEP2 ウェブページの第1段落第2文 To further widen the scope of our activities, we will launch a new after-hours tour service from October 1. (和訳❶) から、BMAMは10月1日から閉館後のツアーを開始することがわかる。また、続く第3文に Private groups, corporations, and nonprofit organizations throughout the metropolitan area can enjoy our exclusive tours ... (和訳❷) とあるので、そのツアーは美術館の会員向けではなく、一般の人向けの **exclusive tours**（**限定ツアー**）だということがわかる。

STEP3 よって、(B) が正解。launch a new after-hours tour service の部分を initiate special public programs と言い換えている。launch も initiate もどちらも「〜を開始する」という意味。ウェブページの第1段落冒頭文から、BMAMが80年超にわたって Westhoff の地域社会にイベント（サービス）を提供してきたことはわかるが、80年前に Westhoff に移転してきたかどうかはわからないので、(A) を選ぶことはできない。また、最終段落冒頭文で、営業時間外のツアーは平日のみ予約可能であることがわかるが、BMAMの営業時間が平日に限定されるとはどこにも書かれていないので、(C) も不正解。最終段落第2文から、BMAMがしてくれるのは **catering**（**仕出し、出前**）の手配であって、**complimentary refreshments**（**無料の軽食**）の提供ではないので、(D) も不正解。

スコアアップ のポイント

exclusive は、「①排他的な、②独占的な、③唯一の、④高級な、⑤（会員などに）限定の」という5つの意味が大事です。②④⑤については、それぞれ **exclusive interview**（**独占インタビュー**）、**exclusive restaurant**（**高級レストラン**）、**exclusive service**（**〔会員〕限定サービス**）というフレーズで押さえておきましょう。

設問の訳 56. ウェブページではBMAMについて何が述べられていますか？
(A) 80年前にヴェストホフに移転した。
(B) 一般向けの特別プログラムを始める予定だ。
(C) 平日のみ営業している。
(D) 無料の軽食を提供している。

Q57. 正解 (C)　　　　　　　　　　　　　　　正答率 ▶▶ 52%

3ステップ解説

STEP1 O'Larcan さんがメールを書いた理由を答える問題。

STEP2 O'Larcan さんが書いたメールの第1段落第2文に We came across your newest event on your Web site the other day and would like to book one of your after-hours tours for twenty of us for Wednesday, October 15. (和訳❸) とあるので、O'Larcan さんは BMAMの新しいツアーに申し込むためにメールを書いたことがわかる。

STEP3 よって、(C) が正解。book を **sign up for**（～に申し込む）で、one of your after-hours tours を an evening tour でそれぞれ言い換えている。O'Larcan さんは美術館に **express appreciation**（**感謝の意を示す**）ためにメールを書いているわけではないので、(A) は不正解。メールの第3段落は after-hours tour に関する問い合わせであって、**upcoming excursion**（**今度の小旅行〔遠足〕**）についてその内容を問い合わせているわけではないので、(B) も不正解。また、**exhibits**（**展示会、展示品**）について尋ねることがメールの目的ではないので、(D) も不正解。

設問の訳 **57.** オラーカンさんはなぜメールを書きましたか?
(A) 美術館に感謝を伝えるため
(B) 今度の小旅行について問い合わせるため
(C) 夜のツアーに申し込むため
(D) 展示品についての情報を依頼するため

Q58. 正解 (D)　　　　　　　　　　　　　　　正答率 ▶▶ 71%

3ステップ解説

STEP1 Nevolo Studio について推測できることを答える問題。

STEP2 メールの第1段落最終文を見ると、We are an art academy and our students have often drawn inspiration from your exhibits, projects, and special programs. (和訳❹) とあるので、Nevolo Studio の学生たちはイベントなどの展示品を見るためにしばしば美術館を訪れていることがわかる。

STEP3 よって、(D) が正解。**periodically** は「**定期的に、時々**」という意味。Nevolo Studio が **cutting-edge education**（**最先端の教育**）で知られているとは書かれていないので、(A) は不正解。ウェブページの第1段落冒頭文から、BMAMは Westhoff の美術地区にあることがわかるが、Nevolo Studio も同じ地区にあるかどうかは本文に記載がなく判断できないため、(B) を選ぶこともできない。また、(C) の Nevolo Studio の学生たちの作品がBMAMにたびたび展示されてい

るという記載も本文にない。

設問の訳 **58.** ネヴォロ・スタジオについて何が示唆されていますか?
(A) 最先端の教育で知られている。
(B) ヴェストホフの芸術地区の便利な場所にある。
(C) 学生の作品がBMAMによく展示される。
(D) 学生は定期的に美術館の芸術関連イベントを訪れている。

Q59. 正解 (D)　　　　　　　　　　　　　　正答率 ▶▶ **49**%

3ステップ解説

STEP1 O'Larcan さんが予約するプログラムの種類を推測して答える問題。

STEP2 メールの第2段落冒頭文に We would like to attend the scheduled talk by the curator to gain more insight into the history of art. (和訳❺) とあるので、O'Larcan さんは **curator**（**館長**、**学芸員**）による講義を含むツアーに申し込みたいと思っていることがわかる。また、続く第2文にある We also want to receive hands-on training, as the instructor is highly regarded in online reviews. (和訳❻) から、オンラインレビューで **highly regarded**（**高く評価されている**）講師による **hands-on training**（**実地研修**）にも申し込みたいと思っていることがわかる。これを踏まえてウェブページの表を見ると、学芸員による講義は上から3つ目の Academic プログラムに含まれる lecture に、講師による研修は一番下のPremiumプログラムに含まれるworkshopにそれぞれ該当することが表の下に記載されている *マークおよび **マークの説明との紐づけによってわかる。

STEP3 最後に、Description 欄の記載から、Premium プログラムは Academic プログラムの内容も含むことがわかるので、O'Larcan さんは学芸員による講義と講師による研修の両方を含む Premium プログラムを予約すると考えられる。よって、(D) が正解。

設問の訳 **59.** オラーカンさんはおそらくどの種類のプログラムを予約しますか?
(A) ベーシック　　　　　(B) スタンダード
(C) アカデミック　　　　(D) プレミアム

☞スコアアップのポイント

insight（洞察〔力〕、見識）は前置詞 into との相性が良いということを覚えておくと、Part 7 だけでなく Part 5 でも役立ちます。**gain insight into consumer trends**（**消費者動向についての洞察〔見識〕を得る**）というフレーズで押さえておきましょう。

Q60. 正解 (B)　　　　　　　　　　　　　　正答率 ▶▶ 85%

3ステップ解説

STEP1 O'Larcan さんが Ling さんに依頼していることを答える問題。

STEP2 メールの第3段落冒頭文 Could you send me the outline of the tour, as well as the estimated total package price? (和訳❼) で、O'Larcan さんはツアーの概要と合計見積額を送るよう Ling さんに依頼している。また、続く第2文 I would also like to know whether or not we have to submit a deposit. (和訳❽) で、ツアーを申し込む際に手付金を支払う必要があるかどうか教えて欲しいと伝えて Ling さんに返答を依頼している。

STEP3 よって、後者の依頼に該当する (B) が正解。**deposit（手付金、内金）** と **advance payment（前払い金、前金）** の言い換えは Part 7 に頻出するので必ず押さえておくこと。

設問の訳 **60.** オラーカンさんはリンさんに何をするよう依頼していますか？
(A) 個人ケータリングを手配する
(B) 事前支払について知らせる
(C) 関連サイトへのリンクを送る
(D) クレジットカードに対応しているか確認する

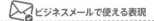

ビジネスメールで使える表現

I am writing to you on behalf of〈組織〉.
(〈組織〉を代表してメールを書いております。)

I would also like to know whether or not we have to〈行動〉.
(また、〈行動〉をする必要があるかどうかを知りたいです。)

キーワードをチェック!! ⬇40

☐ preserve	プリザーヴ [prizə́ːrv]	動 他 ①〜を保護する ②〜を保存する 名 C 自然保護区域
★ ☐ slot	スラット [slát]	名 C ①細長い穴 (溝) ②(時間などの) 枠
☐ assess	アセス [əsés]	動 他 〜を評価する、査定する
☐ tentative	テンタティヴ [téntətiv]	形 暫定的な、仮の 同 provisional
★ ☐ typical	ティピカル [típikəl]	形 よくある、典型的な
☐ festivalgoer	フェスティヴァルガウア [féstivəlɡəuər]	名 C (イベントなどの) お祭りに参加する人
☐ unity	ユーニティ [júːnəti]	名 UC 結束、まとまり
☐ promotional	プロモウショナル [prəmóuʃənl]	形 販売促進の
☐ consist of 〜		〜で構成される
★ ☐ limit A to B		AをBに制限する
★ ☐ musical instrument		楽器
☐ a variety of 〜		さまざまな〜
☐ be open to 〜		〜に対して開かれている
★ ☐ be beneficial to 〜		〜にとって有益である

意識すべきポイントをチェック!!

① 設問数&文書タイプの確認

Questions **61-65** refer to the following **form** and **e-mail**.

② レイアウトの確認

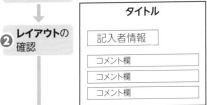

③ 設問文の確認

61. **What** is ...?
62. **What** is **NOT suggested** about ...?

Point 設問で問われている内容（要点）を記憶する（最初の2問のみ）。設問62は**NOT問題**なのでP24のポイントを意識する。また、**suggested** が使われているので推測して答える。

 戦略 設問61は段落単位で本文を読み進め、解答の根拠が登場したらいったん読むのを止めて解答する。設問62はフォームをすべて読んでから解答するやり方でトライ!

④ 本文を読む

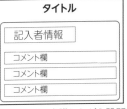
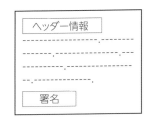

NOT問題を意識しながら設問61の解答の根拠が登場するまで読み進める

⑤ 選択肢の確認

Point 本文の内容の言い換えや誤答の選択肢のひっかけに注意しながら**それぞれの選択肢をチェックして正解を判断**する。

⑥ 解答する

解答欄にマークする。

※設問63〜65についても、同様に③〜⑥を繰り返す（④で読む箇所〔文書〕は必要に応じて先に進める）
※ダブルパッセージでは、**2つの文書の情報を紐づけて解答するクロスリファレンス問題**（P27参照）に注意する。

to this **end**

目標タイム **5** 分

Questions 61-65 refer to the following form and e-mail.

25th Annual Colebury Festival
May 28 to June 2, Regency Park, Colebury
Application Form

Group name: Lightfoot Electric Troupe
Contact name: Mina Bowen
E-mail: mbowen@cto.com
Phone number: 405-555-0193

Short description of your group:
We are a performance group in Oklahoma consisting of local farmers and their families. We will perform a 60-minute farm dance routine that has been preserved for over 150 years. It includes men's, women's and children's sections.

Additional information or requests:
We would like to request an extra fifteen minutes beyond our usual performance time, so we can invite people from the audience to participate in some basic dance moves.

ORGANIZER NOTE:
This application does not guarantee a time slot at our event. We aim to include as many types of performers as possible, so we limit the number of those from any single region to one group or individual. Please send us a Web link where we can assess your past performances to info@coleburyfestivals.com. The organizing committee will contact you by April 30 at the latest. Only applications received by March 25 will be considered.

To:	mbowen@cto.com
From:	b.kaur@coleburyfestivals.com
Date:	April 15
Subject:	Colebury Festival

Dear Ms. Bowen,

I am happy to let you know that your application for a Colebury Festival performance spot has been approved. The quality of your performances we saw online made our decision quite easy. As of today, a total of 30 groups have been chosen to participate in this year's festival.

According to our tentative schedule, yours will be the closing event on May 30, performing on Stage 3 at 8 P.M. In addition, we will grant the special request you made in the application form. We believe this will boost the festive mood. Actually, it is rather typical that many festivalgoers want to enjoy a sense of unity with entertainers such as yourselves.

Thank you for bringing a part of your local culture to Colebury.

Best regards,

Bryant Kaur, festival organizing committee

61. What is Ms. Bowen's group planning to do at the festival?

(A) Play various musical instruments
(B) Present traditional dance steps
(C) Collaborate with other groups
(D) Perform local farm songs

1 ⊙目 ☐☐☐   2 ⊙目 ☐☐☐   3 ⊙目 ☐☐☐

62. What is NOT suggested about the festival?

(A) It is held every year.
(B) It features a variety of performances.
(C) It always takes place at Regency Park.
(D) Its organizers are open to requests.

1 ⊙目 ☐☐☐   2 ⊙目 ☐☐☐   3 ⊙目 ☐☐☐

63. What is most likely true about the Lightfoot-Electric Troupe?

(A) It will be assigned a time slot on the final day of the festival.
(B) It was judged as the best group last year.
(C) Its performance will be the only one from an area.
(D) Its application form was submitted in April.

1 ⊙目 ☐☐☐   2 ⊙目 ☐☐☐   3 ⊙目 ☐☐☐

64. According to the e-mail, why does the organizing committee have a positive view of Ms. Bowen's request?

(A) Because it will help entertain the audience
(B) Because it offers promotional opportunities
(C) Because it is beneficial to local businesses
(D) Because it is the best of all the requests

○ △ ×
1回目 ☐☐☐   2回目 ☐☐☐   3回目 ☐☐☐

65. In the e-mail, the word "typical" in paragraph 2, line 5, is closest in meaning to

(A) unique
(B) usual
(C) rare
(D) moderate

○ △ ×
1回目 ☐☐☐   2回目 ☐☐☐   3回目 ☐☐☐

task **force**

61-65番は次のフォームとメールに関するものです。

第25回　年次コールベリー・フェスティバル

5月28日 - 6月2日 コールベリー　リージェンシー公園

応募フォーム

団体名：　　　　　ライトフット・エレクトリック・トループ
連絡者氏名：　　　ミナ・ボーウェン
メールアドレス： mbowen@cto.com
電話番号：　　　　405-555-0193

グループの簡単な紹介：

私たちは地元農家とその家族で構成されたオクラホマのパフォーマンスグループです。❶150年以上にわたって守られてきた農業の踊りを60分披露します。男性、女性、子どものパートがあります。

追加の情報または要望：

観客がいくつかの基本的な動きの踊りに参加できるよう、通常のパフォーマンス時間に15分追加いただけないかと思っております。

組織委員会からの注意事項：

この応募は当イベントでの時間枠を保証するものではありません。❷できる限り多くの演目を含めることを目指しているため、❸各地域からの参加を1団体または1名に限らせていただきます。過去のパフォーマンスを審査するためのウェブのリンクを info@coleburyfestivals.com までお送りください。組織委員より、遅くとも4月30日までにご連絡差し上げます。❻3月25日までに提出いただいた応募のみが検討されます。

宛先：	mbowen@cto.com
送信者：	b.kaur@coleburyfestivals.com
日付：	4月15日
件名：	コールベリー・フェスティバル

ボーウェン様

❹ご応募いただきましたコールベリー・フェスティバルへのご出演が承認されたことを喜んでお知らせいたします。オンラインで拝見したあなた方のパフォーマンスのクオリティが高く、我々はかなり容易に結論を出すことができました。本日時点で、今年のフェスティバルに出演する30組が決定しております。

暫定的なスケジュールによると、❺あなた方のグループには5月30日の閉会イベントとして午後8時よりステージ3でパフォーマンスをしていただく予定になっております。また、❼応募フォームに記載していただいた特別なリクエストの件につきましても、許可させていただきます。❽我々はこれによりお祭りの雰囲気が高まると信じています。❾実際、お祭りの参加者の多くはよく、あなた方のように場を盛り上げてくれる出演者たちとの一体感を楽しみたいと思っています。

地元文化の一部をコールベリーで披露していただけることに感謝いたします。

どうぞよろしくお願いいたします。

ブライアント・カー　フェスティバル組織委員会

profile a successful business

Q61. 正解 (B)　　　　　　　　　　　　　　　　　　　　正答率 ▶▶ **85**%

3ステップ解説

STEP1 Bowen さんのグループがフェスティバルで行おうとしていることを答える問題。

STEP2 フォームの Short description of your group 欄の第2文を見ると、We will perform a 60-minute farm dance routine that has been preserved for over 150 years. (和訳❶) とあるので、Bowen さんが所属するグループである Lightfoot Electric Troupe は、フェスティバルで150年超にわたって守り継がれてきた伝統的な踊りを披露しようと考えていることがわかる。

STEP3 よって、(B) が正解。この present は「〜をプレゼントする」という意味ではなく、「(演技など) を披露する」という意味。**musical instruments (楽器)** の演奏や、他のグループとの協力、歌の披露については本文に記載がないので、他の選択肢を選ぶことはできない。

設問の訳　**61.** ボーウェンさんのグループはフェスティバルで何をする予定ですか?
(A) さまざまな楽器を演奏する
(B) 伝統的な踊りのステップを披露する
(C) 他のグループと協力する
(D) 地元の農業にちなんだ歌を披露する

Q62. 正解 (C)　　　　　　　　　　　　　　　　　　　　正答率 ▶▶ **68**%

3ステップ解説

STEP1 フェスティバルについて推測できないことを答える問題。

STEP2 NOT問題なので、選択肢と本文の内容を照らし合わせて、本文の内容から推測できないものを1つ選ぶ。(A) については、タイトルの *25th Annual Colebury Festival* から、フェスティバルの開催タイミングは年に一度だとわかる。(B) については、フォームの ORGANIZER NOTE 欄に We aim to include as many types of performers as possible (和訳❷) とあるので、フェスティバルではさまざまな演技を見て楽しむことができると考えられる。(D) については、フォームに Additional information or requests 欄があることから、組織委員会は応募者からのリクエストを受け付けていると考えることができる。

STEP3 フェスティバルの開催場所については、タイトルに Regency Park, Colebury とあるが、毎年この場所で開催されているかどうかは不明なので、(C) が正解。(D) にある **be open to requests (要望に対して開かれている、リクエストを受け付けている)** というフレーズはぜひ押さえておきたい。

192

設問の訳 **62.** お祭りについて示唆されていないことは何ですか?
(A) 毎年開催される。
(B) さまざまなパフォーマンスを特徴としている。
(C) いつもリージェンシー公園で開催される。
(D) 運営者は要望を受け付けている。

Q63.　正解 (C)　　　　　　　　　　　　　正答率 ▶▶ **35**%

3ステップ解説

STEP1 Lightfoot-Electric Troupe について当てはまることを推測して答える問題。

STEP2 まず、フォームの ORGANIZER NOTE 欄の第2文を見ると、フェスティバルの出演者について、we limit the number of those from any single region to one group or individual (和訳❸) と記載されている。**limit A to B** は「**AをBに制限する**」という意味なので、1つの地域からは1グループまたは1人しか選ばれないことがわかる。次に、フェスティバルの組織委員会の Kaur さんが Bowen さん宛てに出しているメールの第1段落冒頭文を見ると、I am happy to let you know that your application for a Colebury Festival performance spot has been approved. (和訳❹) とあるので、Bowen さんのフェスティバルへの参加申請は承認されたことがわかる。

STEP3 それはつまり、Lightfoot-Electric Troupe は地域(フォームの Short description of your group 欄の冒頭文から Oklahoma だと推測される)を代表してフェスティバルでパフォーマンスを行うことになると考えられるので、(C) が正解。メールの第2段落冒頭文を見ると、**tentative schedule** (仮のスケジュール) として yours will be the closing event on May 30, performing on Stage 3 at 8 P.M. (和訳❺) と、5月30日の締めくくりのイベントとしてパフォーマンスの時間枠が与えられる可能性を伝えているが、フォームのタイトルにあるフェスティバルの期間 (May 28 to June 2) から5月30日はフェスティバルの最終日ではないことがわかるので、(A) は不正解。また、Lightfoot-Electric Troupe が昨年最も素晴らしいグループだと判断されたという記述はどこにもないので、(B) も不正解。さらに、フォームの最後に記載されている1文 Only applications received by March 25 will be considered. (和訳❻) と、メールの第1段落冒頭文で申請が承認されている事実から、**application form** (申請用紙) は3月25日までに提出されたとわかるので、(D) も不正解。

設問の訳 **63.** ライトフット・エレクトリック・トループについておそらく何が正しいですか?
(A) お祭りの最終日の時間枠を割り当てられる。
(B) 昨年最も優れたグループと判断された。

(C) パフォーマンスが、ある地域を代表することになる。

(D) 応募フォームは 4 月に提出された。

スコアアップのポイント

limit A to B（AをBに制限する）という構文を知っていても、実際の文章の中でこの構文が使われていることに気付かなければ意味がありません。特に今回のように limit と to が離れている場合は、その存在に気付きにくいので注意が必要です。構文を見抜く力もスコアアップには欠かせないということを覚えておきましょう。

Q64. 正解 (A)　　　　　　　　　　　　　　　　　正答率 ▸▸ **79**%

3ステップ解説

STEP1 Bowen さんのリクエストに対して組織委員会が肯定的である理由を答える問題。

STEP2 フォームの Additional information or requests 欄で Bowen さんは観客にダンスを教える時間をリクエストしており、メールの第2段落第2文 we will grant the special request you made in the application form（和訳❼）から、そのリクエストは承認されたことがわかる。また、直後の第3文に We believe this will boost the festive mood.（和訳❽）とあることから、組織委員会は Bowen さんのリクエストが **festive mood（お祭りの雰囲気）**を盛り上げて、観客を楽しませることにつながると考えていることがわかる。

STEP3 よって、(A) が正解。組織委員会は Bowen さんのリクエストが **be beneficial to local businesses（地元の企業にとって有益である）**と考えているわけではないので、(C) は不正解。

設問の訳 **64.** メールによると、組織委員会はなぜボーウェンさんの要望に対して好意的な見解を示していますか？
(A) 観客を楽しませてくれるため
(B) 宣伝する機会を提供するため
(C) 地元企業に利益をもたらすため
(D) すべての要望の中で最も良いため

Q65. 正解 (B)　　　　　　　　　　　　　　　　　正答率 ▸▸ **73**%

3ステップ解説

STEP1 本文で使われている typical に最も意味が近いものを答える問題。

STEP2 typical を含む 1 文を確認すると、Actually, it is rather typical that many festivalgoers want to enjoy a sense of unity with entertainers such as yourselves.（和訳❾）とある。**typical は「よくある、典型的な」**という意味なので、この1文は「**festivalgoers**

（**お祭りの参加者**）が場を盛り上げてくれる出演者との **a sense of unity**（**一体感**）を楽しみたいと思うことはよくある」という主旨を伝えていることがわかる。

STEP3 usual（いつもの、よくある）であれば typical と同じ意味を表すことができるので、(B) が正解。(A) の unique は「唯一の、固有の」という意味なので、typical の言い換えにはならない。

設問の訳 **65.** メールの第2段落5行目の "typical" に最も意味の近い語は?

  (A) 唯一の　　　　　　　　　　(B) よくある
  (C) まれな　　　　　　　　　　(D) 適度な

the **Chamber** of Commerce

キーワードをチェック!!

⬇42

★ □ generous	ジェネラス [dʒénərəs]	形 ①気前のよい ②(量などが)通常よりも多い
★ □ compensation	カンペンセイシャン [kɑmpənséiʃən]	名 UC ①(損害などに対する)補償 ②(仕事などに対する)報酬
★ □ craft	クラフト [kræft]	動 他 (手作業で)〜を作る 名 C 手工芸品 注 通例 crafts
★ □ prior	プライアー [práiər]	形 前の、事前の 同 previous
★ □ outstanding	アウトスタンディング [autstǽndiŋ]	形 ①極めて優れた ②未解決の ③未払いの
★ □ latest	レイティスト [léitist]	形 最新の
★ □ respectively	リスペクティヴリィ [rispéktivli]	副 それぞれ
★ □ familiarity	ファミリアリティ [fəmiliǽrəti]	名 UC ①精通していること ②親しみやすさ
★ □ specific	スペスィフィック [spəsífik]	形 ①特定の、特有の ②明確な、具体的な
★ □ proofreader	プルーフリーダー [prú:fri:dər]	名 C 校正担当者
★ □ CV	スィーヴィー [si:ví:]	名 C 履歴書 参 curriculum vitae の略語 同 résumé
★ □ reference	レファレンス [réfərəns]	名 C 推薦(状) UC ①参照、言及 ②関係、関連
★ □ punctuality	パンクチュアリティ [pʌŋktʃuǽləti]	名 UC 時間に正確であること
★ □ benefits package		福利厚生
★ □ bachelor's degree		学士号
★ □ the former 〜 the latter ...		前者は〜後者は…
★ □ follow up on 〜		①〜の続きを行う、〜をさらに推し進める ②〜について追加の情報を伝える

196

意識すべきポイントをチェック!!

❶ 設問数&文書タイプの確認

Questions **66-70** refer to the following **job advertisement** and **e-mail**.

❷ レイアウトの確認

❸ 設問文の確認

66. **What** is **indicated** about ...?
67. **Which** ...?

Point 設問で問われている内容 (要点) を記憶する (最初の2問のみ)。
設問67は**共通点を見つけ出す問題**であることを意識する。

 求人広告の第1段落を読んで設問66に解答できないかトライ!
そのあと職種①〜④の記載をすべて読んで設問67にトライ!

❹ 本文を読む

戦略に沿って本文を読み進める

❺ 選択肢の確認

Point 本文の内容の言い換えや誤答の選択肢のひっかけに注意しながら**それぞれの選択肢をチェックして正解を判断**する。

❻ 解答する

解答欄に**マーク**する。

※設問68〜70についても、同様に❸〜❻を繰り返す (❹で読む文書は e-mail)
※ダブルパッセージでは、**2つの文書の情報を紐づけて解答するクロスリファレンス問題**に注意する。

CHAPTER 1
CHAPTER 2
CHAPTER 3

Questions 66-70 refer to the following job advertisement and e-mail.

Kandia Press

Kandia Press, a publishing company headquartered in Melbourne, is currently looking for highly qualified candidates to join our team in Brisbane. We offer generous compensation and an excellent benefits package that includes paid time off and medical insurance. The positions available are:

Assistant Editor
Works as a member of the editorial section, helping to craft marketable books, magazines and online content. The successful candidate must have at least ten years of prior editorial experience, a bachelor's degree in Journalism or related field, and outstanding organizational skills to meet deadlines.

Senior Technical Writer / Technical Writer
The former position is responsible for writing articles about the latest technological developments and the latter helps in this work. The minimum years of writing experience required is ten and five respectively. Both of the chosen candidates need to have knowledge in a wide variety of writing styles, the ability to submit manuscripts on time, and strong familiarity with a specific word-processing software.

Proofreader
Reads, reviews, and revises manuscripts in terms of grammar, wording, and accuracy. This role requires at least three years of proofreading and fact-checking experience, the ability to pay close attention to details, and the ability to work on tight schedules.

Applicants should submit a cover letter, CV, and list of references to careers@kandiapress.com by 15 July. Only those selected for interviews will be contacted.

To:	Willem Fourie <wfourie@ausmail.net>
From:	Rosalie Wessels <rwessels@kandiapress.com>
Date:	August 3
Subject:	Schedule for the next interview
Attachment:	📎 Map

Dear Mr. Fourie,

Thank you for taking the time to visit us here in Brisbane last week. As I said during our phone conversation yesterday, your second round of interviews will be held at our main office in Melbourne on 10 August. You can check the exact location on our Web site at www.kandiapress.com/about/office. A map is attached for your reference.

We are especially interested in hearing more about your six years of experience authoring articles on state-of-the-art technologies at Kangaroo-9 Media. Before that, could you send one of your past articles to careers@kandiapress.com? That will enable us to have a better understanding of your suitability for this opening.

We look forward to seeing you again soon.

Best regards,

Rosalie Wessels
Human Resources Department
Kandia Press

66. What is indicated about Kandia Press?

(A) It offers competitive salaries.
(B) It was founded in Melbourne.
(C) It has multiple branches.
(D) It is currently expanding.

○ △ ✕   ○ △ ✕   ○ △ ✕
1 回日 ☐☐☐   2 回日 ☐☐☐   3 回日 ☐☐☐

67. Which qualification is required by all the job openings?

(A) A university degree
(B) Managerial experience
(C) Knowledge of software
(D) Punctuality in assignments

○ △ ✕   ○ △ ✕   ○ △ ✕
1 回日 ☐☐☐   2 回日 ☐☐☐   3 回日 ☐☐☐

68. Why was the e-mail sent?

(A) To follow up on a recent conversation
(B) To explain a company policy
(C) To make an employment offer
(D) To discuss a performance review

○ △ ✕   ○ △ ✕   ○ △ ✕
1 回日 ☐☐☐   2 回日 ☐☐☐   3 回日 ☐☐☐

69. For what position is Mr. Fourie most likely applying?

(A) Assistant Editor
(B) Senior Technical Writer
(C) Technical Writer
(D) Proofreader

1回目 ○ △ ✕   2回目 ○ △ ✕   3回目 ○ △ ✕

70. What does Ms. Wessels ask Mr. Fourie to do?

(A) Visit an office in Brisbane
(B) Send a work sample
(C) Describe a career change
(D) Talk about competitors

1回目 ○ △ ✕   2回目 ○ △ ✕   3回目 ○ △ ✕

an **accomplished** barista

66-70番は次の求人広告とメールに関するものです。

カンディア出版

❷メルボルンに本社を置く出版社であるカンディア出版は、現在ブリスベンのチームに加わっていただく優秀な人材を募集しています。❶弊社は高額な給与、そして有給休暇や医療保険を含めた素晴らしい福利厚生を提供いたします。募集している職は以下の通りです。

編集アシスタント

編集部の一員として勤務し、よく売れる書籍、雑誌、オンラインコンテンツの制作を手伝っていただきます。❸採用される候補者は、最低10年以上の編集経験、ジャーナリズム学または関連する学問の学士号、そして締切りを守るために物事をまとめる優れた能力が必要です。

上級テクニカルライター / テクニカルライター

❽前者の職責は最新の技術開発に関する記事を書くことであり、後者の職はそれを補助する仕事です。❾執筆経験はそれぞれ最低10年と5年が必要です。❹採用された両候補者はさまざまな執筆書式についての知識、予定通りに原稿を提出できる能力、文書作成ソフトについての深い知識が求められます。

校正者

文法、表現、正確性という観点から原稿を読み、見直し、修正していただきます。❺この職は最低3年の校正経験と事実確認経験、細部まで注意を払う能力、厳しいスケジュールの中で作業できる能力が求められます。

応募者はカバーレター、履歴書、推薦者のリストを7月15日までにcareers@kandiapress.com にご送付ください。面接に進んでいただく方にのみご連絡いたします。

宛先：	ウィレム・フォーリー <wfourie@ausmail.net>
送信者：	ロザリー・ウェッセルズ <rwessels@kandiapress.com>
日付：	8月3日
件名：	次回の面接日程
添付：	地図

フォーリー様

先週はブリスベンにある弊社までお越しいただく時間をとっていただきありがとうございました。❻昨日電話でお伝えした通り、二次面接は8月10日にメルボルンの本社で行います。正確な所在地は弊社ウェブサイト（www.kandiapress.com/about/office）でご確認いただけます。ご参考までに地図を添付いたします。

❼弊社は、貴方が6年間にわたりカンガルー9メディア社で最新技術に関する記事を執筆されたご経験について特に興味があり、より詳しくお話を伺わせていただければと存じます。❿その前に、以前貴方がお書きになった記事の１つを careers@kandiapress.com までお送りいただけますでしょうか。それによって募集職に対する貴方の適性をよりよく把握できると考えております。

近々またお会いできることを楽しみにしております。

何卒よろしくお願い申し上げます。

ロザリー・ウェッセルズ
人事部
カンディア出版

Q66.　正解 (A)　　　　　　　　　　　　　　　　　正答率 ▸▸ **37**%

3ステップ解説

STEP1 Kandia Press について言えることを答える問題。

STEP2 求人広告の第1段落第2文に We offer generous compensation and an excellent benefits package that includes paid time off and medical insurance. (和訳❶) とあるので、**benefits package**（福利厚生）、**medical insurance**（医療保険）の他に、Kandia Press は社員に高い報酬を支払っていると考えられる。

STEP3 よって、(A) が正解。**generous compensation**（惜しみない報酬、高額の給与）を **competitive salaries**（競争力のある給料）と言い換えている。求人広告の第1段落冒頭文 Kandia Press, a publishing company headquartered in Melbourne, is currently looking for highly qualified candidates to join our team in Brisbane. (和訳❷) から、Kandia Press の本社は Melbourne にあることがわかるが、Kandia Press がこの地で創業されたかどうかは不明なので、(B) は不正解。また同文から、Brisbane にある支店で **highly qualified candidates**（高い能力を持つ〔非常に有能な〕候補者）を募集していることはわかるが、Kandia Press に **multiple branches**（複数の支店）があるかどうかの判断はつかないので、(C) も不正解。さらに、求人広告を出しているからといって同社が成長（拡大）しているとは限らないので、(D) を選ぶこともできない。

設問の訳 **66.** カンディア出版について何が述べられていますか？
　　　　 (A) 他社に引けを取らない給与を支給している。
　　　　 (B) メルボルンで設立された。
　　　　 (C) 複数の支社がある。
　　　　 (D) 現在拡大している。

Q67.　正解 (D)　　　　　　　　　　　　　　　　　正答率 ▸▸ **65**%

3ステップ解説

STEP1 全ての求人（募集職）に共通する資格要件を答える問題。

STEP2 求人広告を見ると、募集しているのは Assistant Editor、Senior Technical Writer、Technical Writer、Proofreader だとわかるので、この4つに共通する資格要件を特定する。Assistant Editor 欄の2〜6行目にある The successful candidate must have ... outstanding organizational skills to meet deadlines. (和訳❸)、Senior Technical Writer / Technical Writer 欄の4〜6行目の Both of the chosen candidates need to have ... the ability to submit

manuscripts on time, ...（和訳❹）、そして Proofreader 欄の2〜5行目の This role requires ... the ability to work on tight schedules.（和訳❺）から、共通の資格要件は締切を守る時間管理能力だとわかる。

STEP3 よって、(D) が正解。**punctuality** は「**時間に正確であること**」、**assignments** は「**(割り当てられた) 仕事**」という意味。

設問の訳 **67.** すべての募集職で求められている資格要件は何ですか？
(A) 大学の学位　　　　　　　　(B) 管理職経験
(C) ソフトウェアの知識　　　　(D) 業務を予定通りに行うこと

スコアアップ🖐のポイント

求人広告に登場するスキルの中で特に押さえておいていただきたいのが、① **organizational skill（物事をまとめる能力）**、② **interpersonal skill（対人能力）**、③ **managerial skill〔(経営) 管理能力〕**の3つです。①は"目標に向かって計画的・効率的に組織や物事をうまくまとめながら進めていくことができる能力"のことです。②は"人とうまくやっていく能力"や"人間関係をうまく築くことができる能力"のことで、communication skill で言い換えることができます。③は"人や組織を管理する能力"のことで、マネージャーなど管理者ポジションの求人において必須条件となります。

Q68. 正解 (A)　　　　　　　　　　　　　正答率 ▶▶ **80**%

3ステップ解説

STEP1 メールが送られた理由を答える問題。

STEP2 メールの書き手である Wessels さんは、メールの第1段落冒頭文で Fourie さんに対してお礼の言葉を述べたあと、続く第2文で As I said during our phone conversation yesterday, your second round of interviews will be held at our main office in Melbourne on 10 August.（和訳❻）と、電話で伝えた内容を再度伝え直している。さらに、第2段落にかけて、**main office（本社）**の **exact location（正確な場所）**に関する情報や、2回目のインタビューで話してもらいたいこと、事前に提出して欲しいものを Fourie さんに伝えている。

STEP3 よって、(A) が正解。ここでの **follow up on** は「**〜について追加の情報を伝える**」という意味。Wessels さんは Fourie さんに対して雇用したいと申し出ているわけではないので、(C) は不正解。

設問の訳 **68.** メールはなぜ送られましたか？
(A) 最近の会話について追加の情報を伝えるため
(B) 会社の規則を説明するため
(C) 仕事のオファーをするため
(D) 人事考課について話し合うため

an additional **grant**

Q69. 正解 (C)

正答率 ▶▶ **81**%

3ステップ解説

STEP1 Fourie さんが申し込んでいると思われる職を推測して答える問題。

STEP2 メールの第2段落冒頭文に We are especially interested in hearing more about your six years of experience authoring articles on state-of-the-art technologies at Kangaroo-9 Media. (和訳❼) とあるので、Fourie さんには **state-of-the-art technologies** (**最新技術**) に関する記事を書いてきた6年の経験があることがわかる。一方、求人広告の Senior Technical Writer / Technical Writer 欄の冒頭文を見ると、The former position is responsible for writing articles about the latest technological developments and the latter helps in this work. (和訳❽) とあり、**the former ~ the latter ...** が「**前者は~後者は…**」という意味なので、Senior Technical Writer には **latest technological developments** (**最新の技術開発**) に関する記事を書く責任があって、Technical Writer はそれをサポートする仕事だということがわかる。また、続く第2文に The minimum years of writing experience required is ten and five respectively. (和訳❾) とあるので、応募の際に必要な執筆経験年数は Senior Technical Writer が10年、Technical Writer が5年だということがわかる。

STEP3 以上から、Fourie さんは必須要件を満たしている Technical Writer の職に応募していると考えられる。よって、(C) が正解。

設問の訳 **69.** フォーリーさんはおそらくどの職に応募していますか？
(A) 編集アシスタント
(B) 上級テクニカルライター
(C) テクニカルライター
(D) 校正者

スコアアップ♪のポイント

respectively (**それぞれ**) は長文読解に役立つ重要単語です。**A and B are C and D respectively.** (**AはCに、BはDにそれぞれ該当する**) という構文で押さえておきましょう。

Q70.　正解 (B)　　　　　　　　　　　　　　正答率 ▸▸ **86**%

[3ステップ解説]

STEP1 Wessels さんが Fourie さんに依頼していることを答える問題。

STEP2 メールの第2段落第2文に Before that, could you send one of your past articles to careers@kandiapress.com? (和訳⑩) とあるので、Wessels さんは2回目のインタビューの前に、過去に書いた記事の1つを送るよう Fourie さんに依頼していることがわかる。

STEP3 よって、one of your past articles を a work sample と言い換えている (B) が正解。

[設問の訳] **70.** ウェッセルズさんはフォーリーさんに何をするよう依頼していますか?
(A) ブリスベンのオフィスを訪問する　　(B) 仕事のサンプルを送る
(C) 転職について説明する　　　　　　(D) 競合他社について話す

ビジネスメールで使える表現

Thank you for taking the time to visit us here in 〈場所〉 last week.
(先週はお時間をとってこちらの 〈場所〉 にお越しいただきありがとうございました。)

A map is attached for your reference.
(ご参考までに地図を添付いたします。)

That will enable us to have a better understanding of ～ .
(それによって～をより把握できると考えております。)

We look forward to seeing you again soon.
(また近いうちにお会いできることを楽しみにしております。)

express appreciation

キーワードをチェック!!

⬇️ 44

★ ☐ spacious	スペイシャス [spéiʃəs]	形 広々とした
☐ adorned	アドーンド [ədɔ́ːrnd]	形 飾られた
★ ☐ landscape	ランドスケイプ [lǽndskeip]	名 C 風景 (画) 動 他 (庭など) の景観を整える
★ ☐ due	デュー [djúː]	形 ①(起きることが) 予想されて ②期限が来て ③当然与えられるべき
★ ☐ remainder	リメインダー [riméindər]	名 C 残り、残額
★ ☐ incur	インカー [inkə́ːr]	動 他 ①(費用など) を負担する ②(好ましくないこと) を招く
★ ☐ amenity	アメニティ [əménəti]	名 C ①生活などを快適にするもの ②(ホテルの) 備品、設備
☐ spotless	スパットレス [spátləs]	形 ①染みのない、とてもきれいな ②欠点のない
★ ☐ waive	ウェイヴ [wéiv]	動 他 ①(権利など) を放棄する ②(料金など) を免除する
☐ suburb	サバーブ [sʌ́bəːrb]	名 C 郊外
☐ surroundings	サラウンディングズ [səráundiŋz]	名 複 周辺の環境
☐ cleanliness	クレンリネス [klénlinəs]	名 UC 清潔さ
★ ☐ up front		前払いで
★ ☐ upon arrival		到着次第
★ ☐ no later than ～		遅くとも～までに
★ ☐ ～ -mounted		～に取り付けられた
★ ☐ make an exception		例外対応をする

意識すべきポイントをチェック!!

① 設問数&文書タイプの確認
Questions **71-75** refer to the following **Web page**, **booking confirmation** and **online review**.

② レイアウトの確認

Web page	booking confirmation	online review

Point ウェブページに**箇条書きの段落**があることを確認する。

③ 設問文の確認
71. **Where ...?**
72. **What ...?**

Point 設問で問われている内容 (要点) を記憶する (最初の2問のみ)。

戦略 ウェブページの第1段落を読んで設問71、第2段落の箇条書き部分を読んで設問72に解答できないかトライ!

④ 本文を読む

Web page	booking confirmation	online review
タイトル 戦略に沿って 本文を読み 進める		

⑤ 選択肢の確認

Point 本文の内容の言い換えや誤答の選択肢のひっかけに注意しながら**それぞれの選択肢をチェックして正解を判断**する。

⑥ 解答する
解答欄にマークする。

※設問73~75についても、同様に**③**~**⑥**を繰り返す (**④**で読む箇所〔文書〕は必要に応じて先に進める)
※**複数の文書の情報を紐づけて解答するクロスリファレンス問題に注意**する。

Questions 71-75 refer to the following Web page, booking confirmation, and online review.

 http://brocklandhotel.com

Brockland Hotel

Situated on the outskirts of Aviemore, we offer fantastic views of Bule Lake and the Cairngorm Mountains from our spacious rooms adorned with original landscapes by local town artists. The world-famous Cairngorm Park is within a 30-minute drive of our hotel.

Details:

- The room rate is $45 per night. (A nonrefundable deposit equal to 50 percent of one night's room charge is due up front at the time of booking. The remainder must be paid upon arrival.)
- There is no charge for canceled reservations, as long as you have given at least two weeks' notice. Otherwise, you will incur a $20 cancellation fee.
- Check-in starts at 3:00 P.M. Checkout is no later than 11:30 A.M., but can be extended to 1:00 P.M. for a small fee.
- Early check-in is available for parties arriving before 3:00 P.M. for an additional $10. This must be paid upon arrival.
- Amenities include a wall-mounted flat TV, wireless Internet, an in-room refrigerator, on-site parking, and a complimentary shuttle to and from the Cairngorm Park.

https://brocklandhotel.com/receipt/1347120

Thank you for choosing Brockland Hotel! Please print this receipt and keep it for your records.

Reservation Code:	1347120	
Reservation Date:	December 3	
Name of the guest(s):	Donato Revello	
Check-in Date:	December 23	
Checkout Date:	December 25	
Amount Paid:	$22.50	Deposit (Paid by credit card ending in -8990)
Amount Due on Arrival:	$67.50	Room charge
	+ $10.00	Early check-in
	= $77.50	
Total (incl. tax):	$100.00	

http://travelerscommunity.com/reviews

Brockland Hotel
Posted by Donato Revello on February 3

I returned home from a short holiday two months ago, but still have such great memories of the wonderful time I had at Brockland Hotel. The scenery from my balcony was breathtaking, my room was spacious and spotless, and the staff was one of the friendliest I have ever come across. To my surprise, although I was supposed to pay a special fee when leaving the hotel on the final day of my stay, the hotel manager made an exception and waived it. My disappointment was that there were different types of artwork in my room. All in all, though, I highly recommend the Brockland Hotel, and I am certain to spend some time there again in the near future.

71. Where is the Brockland Hotel located?

(A) Near a local train station
(B) Adjacent to the Bule Lake
(C) In the suburbs of a town
(D) In the Cairngorm Park

○ △ ✕   ○ △ ✕   ○ △ ✕
1 回目 ☐☐☐   2 回目 ☐☐☐   3 回目 ☐☐☐

72. What does the Web page mention about the Brockland Hotel?

(A) It refunds the deposit whenever a booking is canceled.
(B) It requires a late check-in fee after a particular time.
(C) It only accepts credit cards for payment.
(D) It provides free transportation for guests.

○ △ ✕   ○ △ ✕   ○ △ ✕
1 回目 ☐☐☐   2 回目 ☐☐☐   3 回目 ☐☐☐

73. What is suggested in the booking confirmation?

(A) Mr. Revello has stayed at the Brockland Hotel before.
(B) Mr. Revello intends to arrive at the hotel before 3:00 P.M.
(C) The receipt must be presented at a check-in counter.
(D) All the room charge was paid on December 3.

○ △ ✕   ○ △ ✕   ○ △ ✕
1 回目 ☐☐☐   2 回目 ☐☐☐   3 回目 ☐☐☐

74. According to the online review, what aspect of the hotel was NOT mentioned by Mr. Revello?

(A) The friendliness of the staff
(B) The surroundings of the hotel
(C) The cleanliness of his room
(D) The quality of equipment

○ △ ×
1回目 ☐☐☐　2回目 ☐☐☐　3回目 ☐☐☐

75. What is implied about Mr. Revello?

(A) He extended his checkout time.
(B) He visited Cairngorm Park.
(C) He enjoyed looking at some landscape paintings.
(D) He was not charged the early check-in fee.

○ △ ×
1回目 ☐☐☐　2回目 ☐☐☐　3回目 ☐☐☐

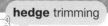

71-75番は次のウェブページと予約確認書とオンラインレビューに関するものです。

---

 http://brocklandhotel.com

ブロックランド・ホテル

❶アビモアの郊外にある当ホテルは、地元の町の芸術家による風景画の原画を飾った広々とした部屋からのブルー湖とケアンゴーム山脈の素晴らしい眺めを提供いたします。❷世界的に有名なケアンゴーム公園へは当ホテルから車で30分以内です。

詳細：

- 宿泊代は1泊あたり45ドルです。(❹ご予約の際に1泊のご宿泊代の50パーセントに相当する金額を返金不可の手付金として事前にお支払いいただきます。残金はご到着の際に必ずお支払いください。)
- 遅くとも2週間前までにご連絡いただければキャンセル料は請求いたしません。そうでない場合のキャンセルにつきましては、20ドルのキャンセル料が発生いたします。
- チェックインは午後3時からです。❿チェックアウトは遅くとも午前11時30分までにお願いしておりますが、少額の料金で午後1時までに延長することもできます。
- ❺午後3時前に到着されたお客様には、追加料10ドルでアーリーチェックインをしていただくこともできます。料金はご到着の際にお支払いいただきます。
- ❸備品・設備には、壁に備え付けの薄型テレビ、無線インターネット、室内設置の冷蔵庫、ホテルの駐車場、ケアンゴーム公園までのシャトルバスの無料送迎が含まれます。

---

https://brocklandhotel.com/receipt/1347120

ブロックランド・ホテルをご利用いただきありがとうございます！この領収書を印刷し、記録用に保管をお願いいたします。

予約コード：	1347120	
予約日：	12月3日	
宿泊者名：	ドナト・レベロ	
チェックイン日：	12月23日	
チェックアウト日：	12月25日	
お支払額：	22ドル50セント	手付金（末尾が8990のクレジットカードでお支払済）
ご到着時のお支払額：	67ドル50セント	宿泊料金
	+ 10ドル	アーリーチェックイン
	= 77ドル50セント	
合計額 (税込)：	100ドル	

  http://travelerscommunity.com/reviews

ブロックランド・ホテル
ドナト・レベロによる 2 月 3 日付の投稿

2か月前に短い休暇から家に戻りましたが、ブロックランド・ホテルでの素晴らしい時間を今もよく覚えています。❼バルコニーからの景色は息を飲むほど素晴らしく、❽私の部屋は広々としていてとてもきれいで、❻スタッフは私がこれまで出会った中で最高の部類に含めることができるくらい親切な対応をしてくださる方々の集まりでした。❾驚いたことに、宿泊の最終日にホテルを出る際、特別料金を支払う予定でしたが、ホテルのマネージャーが例外として免除してくださいました。⓫私が残念に思った点は、部屋に異なる種類の絵画があったことです。それでも、全体的に、ブロックランド・ホテルはとてもお薦めです。近い将来必ずまたこのホテルで過ごしたいと思っています。

Q71. 正解 (C) 　　　　　　　　　　　　　　　正答率 ▶▶ **42**%

〔3ステップ解説〕

STEP1 Brockland Hotel がある場所を答える問題。

STEP2 Brockland Hotel のウェブページの第1段落冒頭文を見ると、Situated on the outskirts of Aviemore, we offer fantastic views of Bule Lake and the Cairngorm Mountains from our spacious rooms adorned with original landscapes by local town artists. (和訳❶) とあるので、このホテルは Aviemore という町の外れにあることがわかる。

STEP3 よって、(C) が正解。**on the outskirts of Aviemore（Aviemore の郊外に）**を **in the suburbs of a town（町の外れに）**と言い換えている。同文に we offer fantastic views of Bule Lake とあるが、これはホテルから湖を眺めることができるということであって、ホテルが湖に隣接しているかどうかはわからないので、(B) を選ぶことはできない。また、同段落最終文 The world-famous Cairngorm Park is within a 30-minute drive of our hotel. (和訳❷) から、ホテルと Cairngorm Park は離れていることがわかるので、(D) も不正解。

〔設問の訳〕 **71.** ブロックランド・ホテルはどこにありますか?
(A) 地元の駅の近く 　　　　　　(B) ブルー湖の隣
(C) 町の外れ 　　　　　　　　　(D) ケアンゴーム公園の中

Q72. 正解 (D) 　　　　　　　　　　　　　　　正答率 ▶▶ **72**%

〔3ステップ解説〕

STEP1 Brockland Hotel について述べられていることを答える問題。

STEP2 ウェブページの Details 欄を見ると、最後の●に Amenities include ... a complimentary shuttle to and from the Cairngorm Park. (和訳❸) とあるので、Brockland Hotel の宿泊客は、このホテルが提供する amenities（宿泊を快適にしてくれるサービス）の1つとして、ホテルと Cairngorm Park を往復するバスを利用できることがわかる。

STEP3 よって、(D) が正解。**complimentary shuttle（無料の定期往復バス）**を **free transportation（無料の交通手段）**と言い換えている。Details 欄の最初の●にある1文 A nonrefundable deposit equal to 50 percent of one night's room charge is due up front at the time of booking. (和訳❹) から、宿泊予約時に **up front（前払いで）**支払う必要のある **deposit（手付金、内金）**は返金されないことがわかるので、(A) は不正解。また、上から4つ目の●に early check-in（規定の時刻よりも早いチェックイン）とその金額についての記載は

あるが、late check-in（規定の時刻よりも遅いチェックイン）についての記載は見当たらないので、(B) も不正解。支払い方法がクレジットカードに限定されている場合は、どこかに credit card(s) only や We only accept credit cards. などの記載があるはずだが、このウェブページ上には見当たらないので、(C) を選ぶこともできない。

【設問の訳】 **72.** ウェブページではブロックランド・ホテルについて何が述べられていますか?
(A) 予約がキャンセルになったときはいつでも手付金を払い戻す。
(B) 特定の時間以降の遅いチェックインには手数料が求められる。
(C) 支払いはクレジットカードのみ対応している。
(D) 宿泊客に無料の移動手段を提供している。

Q73.　正解 (B)　　　　　　　　　　正答率 ▶▶ **91**%

3ステップ解説

STEP1 予約確認書から推測できることを答える問題。

STEP2 まず、ウェブページを見ると、Details 欄の上から4つ目の●に Early check-in is available for parties arriving before 3:00 P.M. for an additional \$10. This must be paid upon arrival.（和訳❺）とあるので、午後3時前に early check-in する場合は、ホテル到着時に10ドル支払う必要があることがわかる。それを踏まえて Revello さんの宿泊予約確認書の Amount Due on Arrival 欄を見ると、+ \$10.00 Early check-in という記載が確認できるので、Revello さんは午後3時前にホテルに到着するつもりで予約していると考えられる。

STEP3 よって、(B) が正解。**intend to** は「**〜しようと思っている、〜する心づもりである**」という意味。

【設問の訳】 **73.** 予約確認書では何が示唆されていますか?
(A) レベロさんは以前ブロックランド・ホテルに宿泊したことがある。
(B) レベロさんは午後3時前にホテルに到着する予定だ。
(C) 領収書を受付カウンターで提示しなければならない。
(D) 宿泊代は全額12月3日に支払われた。

☞スコアアップ♪のポイント

party は①「社交的な会合、パーティー」よりも、②「行動を共にする仲間、一行」の意味の方が大事です。レストランの案内係がよく使う表現 **How many people in your party?（何名様〔のグループ〕でしょうか）** で押さえておきましょう。

Q74.　正解 (D)　　　　　　　　　　正答率 ▶▶ **53**%

3ステップ解説

STEP1 Revello さんがホテルについて言及していないことを答える問題。

STEP2 NOT問題なので、選択肢と本文の内容を照らし合わせて、本文の内容と合わない選択肢を1つ選ぶ。(A) のスタッフの親切さについては、オンラインレビューの4〜5行目にthe staff was one of the friendliest I have ever come across（和訳❻）とある。(B) のホテルの**surroundings（周囲の環境）**については、3行目の The scenery from my balcony was breathtaking（和訳❼）で触れられている。(C) の部屋の**cleanliness（清潔さ）**については、4行目に my room was spacious and spotless（和訳❽）とある。**spotless** は「**染みのない、とてもきれいな**」という意味。

STEP3 Revello さんはオンラインレビュー上で設備の品質については特に何も書いていないので、(D) が正解。

設問の訳 **74.** オンラインレビューによると、レベロさんが述べていないのはホテルのどんな点ですか?
(A) スタッフの親切さ　　　　　　　(B) ホテルの周辺の環境
(C) 部屋の清潔さ　　　　　　　　　(D) 設備の品質

Q75. 正解 (A)　　　　　　　　　　　　　　　　　　　正答率 ▶▶ **58**%

3ステップ解説

STEP1 Revello さんについて推測できることを答える問題。

STEP2 オンラインレビューの5〜8行目を見ると、To my surprise, although I was supposed to pay a special fee when leaving the hotel on the final day of my stay, the hotel manager made an exception and waived it. （和訳❾）とあり、**make an exception** は「**例外対応をする**」、**waive** は「**(料金など) を免除する**」という意味なので、Revello さんはチェックアウト時に払うつもりでいた特別料金を免除されたことがわかる。一方、ウェブページを見ると、Details 欄の上から3つ目の●に Checkout is no later than 11:30 A.M., but can be extended to 1:00 P.M. for a small fee. （和訳❿）とあり、予約確認書上これに該当する支払いは見当たらないことから、Revello さんはチェックアウト時刻を延長してホテルに滞在し、チェックアウト時にその料金を支払おうとしたところ、ホテルのマネージャーの計らいで支払いを免除されたと考えられる。

STEP3 よって、(A) が正解。ウェブページの第1段落最終文 The world-famous Cairngorm Park is within a 30-minute drive of our hotel. （和訳❷）から、Cairngorm Park はホテルから車で30分以内の距離にあることがわかるが、Revello さんが実際にその公園に行ったかどうかはオンラインレビューからは判断できないので、(B) を選ぶことはできない。また、ウェブページの第1段落冒頭文の our spacious

rooms adorned with original landscapes by local town artists か
ら、ホテルの部屋には地元の画家が描いた **landscapes（風景画）**
が飾ってあることがわかるが、オンラインレビューの8〜9行目に My
disappointment was that there were different types of artwork
in my room. (和訳❶) とあるので、Revello さんの部屋には違う種類
の **artwork（絵画、芸術作品）** が飾ってあって、風景画を見ることが
できなかったと考えられるので、(C) も不正解。さらに、early check-
in の料金については予約確認書の Amount Due on Arrival（ご到着
時のお支払額）欄に記載されていることから、チェックアウト時に支払
いが免除されたのは別の料金だと考えられるので、(D) も不正解。

設問の訳 **75.** レベロさんについて何が示唆されていますか?
(A) チェックアウトの時間を延長した。
(B) ケアンゴーム公園を訪れた。
(C) 風景画の鑑賞を楽しんだ。
(D) アーリーチェックインの料金を請求されなかった。

✍️**スコアアップ🔖のポイント**
waive [wéiv]（〔権利など〕を放棄する、〔料金など〕を免除する）は少し難しい動
詞ですが、TOEICに頻出します。**waive a handling fee（手数料を免除する）**、
waive a shipping fee（送料を免除する） というフレーズで押さえておきましょ
う。

キーワードをチェック!!

⬇46

★ □ alternative	オルターナティヴ [ɔːltə́ːrnətiv]	形 代わりの、代替の 名 C 代わりになるもの、代替手段、代替品
★ □ initiative	イニシャティヴ [iníʃiətiv]	名 UC ①自発的に物事を進めていく能力 ②(問題解決のための) 計画、戦略
★ □ utilize	ユーティライズ [júːtəlaiz]	動 他 ～を利用 (活用) する
□ authority	アソーリティ [əθɔ́ːrəti]	名 UC ①権威 ②当局 C 権威者、第一人者 同 expert
★ □ following	ファロウイング [fάlouiŋ]	前 ～に続いて、～のあとに 同 after 形 続く、次の
□ lengthy	レンスィ [léŋθi]	形 長々しい
★ □ meet	ミート [míːt]	動 他 ①(人) に会う ②(要望など) を満たす ③(目標など) を達成する ④(期限など) を守る 自 会う
★ □ fulfill	フルフィル [fulfíl]	動 他 ①(義務など) を果たす ②(目標など) を達成する ③(約束など) を果たす
□ transparent	トランスペアレント [trænspéərənt]	形 透明な
□ vital	ヴァイトゥル [váitl]	形 必要不可欠な
□ profitability	プラフィタビリティ [prɑfitəbíləti]	名 UC 収益性、採算性
★ □ earn	アーン [ə́ːrn]	動 他 ①(お金や利益など) を得る ②(名声など) を獲得する
★ □ commitment	カミットメント [kəmítmənt]	名 C 約束 UC (組織や活動に対する) 献身、貢献
□ numerical	ニューメリカル [njuːmérikəl]	形 数字の
★ □ chamber of commerce		商工会議所
★ □ be dedicated to ～		～に捧げて、～に尽力して
□ at one's earliest convenience		都合が付き次第
★ □ ～ -based		～を拠点とする

He is e------- about the new plan. 　彼は新しい計画を熱心に支持しています。

意識すべきポイントをチェック!!

❶ 設問数&文書タイプの確認
Questions **76-80** refer to the following **Web page**, **e-mail** and **article**.

❷ レイアウトの確認

Web page

タイトル

e-mail

ヘッダー情報
署名

article

❸ 設問文の確認
76. According to the Web page, **what** is true about ...?
77. **Why** did Mr. Bhatti write to Ms. Chetwynd?

> **Point** 設問で問われている内容(要点)を記憶する(最初の2問のみ)。
> Bhatti や Chetwynd という名前はメールのヘッダー、署名に記載されていることから、設問77は**2つ目の文書を読まないと解答できないと判断**する。

 戦略 まずはウェブページをすべて読んで設問76にトライ!

❹ 本文を読む

Web page
タイトル

e-mail
ヘッダー情報
署名

article

ウェブページをすべて読む

❺ 選択肢の確認
> **Point** 本文の内容の言い換えや誤答の選択肢のひっかけに注意しながら**設問76の選択肢をチェックして正解を判断**する。

❻ 解答する
解答欄にマークする。

※設問77〜80についても、同様に❸〜❻を繰り返す(❹で読む箇所〔文書〕は必要に応じて先に進める)
※複数の文書の情報を紐づけて解答するクロスリファレンス問題に注意する。

He is **enthusiastic** about the new plan.

Questions 76-80 refer to the following Web page, e-mail, and article.

 www.ortistownshipcoc.ca/about/communities

Ortis Township Chamber of Commerce

Ortis Township Chamber of Commerce is dedicated to helping grow our local economy in an environmentally friendly way. For instance, industrial sites are one of the biggest sources of carbon emissions, so we encourage factory owners to invest in measures that cut such pollution. In addition, we help firms that want to begin operations here make use of alternative power, such as solar or wind by reviewing company initiatives for the environment and providing concrete advice. Businesses that utilize these types of energy for at least 25% of their needs obtain a Green Wind seal from us. Please direct any questions and concerns to Phoebe Chetwynd at p.chetwynd@ortistownshipcoc.ca.

To:	Phoebe Chetwynd <p.chetwynd@ortistownshipcoc.ca>
From:	Ergon Bhatti <ebhatti@wakestar.net>
Subject:	About opening the first store in Canada
Date:	May 10
Attachment:	Plan

Dear Ms. Chetwynd,

I am a senior director of Wake Star, the biggest home improvement store chain in Singapore. My firm hopes that you can guide us as we launch store services in your area. We have already submitted applications to the national authorities, but would like to do the same with you since we intend to open the first of our Canadian stores in your locality.

Attached you will find a project development plan, as well as the other documents your Web page said your organization commonly reviews. We would greatly appreciate it if you could evaluate these documents at your earliest convenience and let us know if there is anything else that we can do to gain your approval and support.

Thank you very much in advance for your help in this matter.

Yours sincerely,
Ergon Bhatti
Director of Sustainability
Wake Star

Wake Star Gets the Green Light

(12 August)—A major Singapore-based retailer has finally arrived here, following a lengthy series of negotiations with the township council and public community meetings. With the assistance of the Chamber of Commerce, Wake Star was able to build a retail facility that meets over 27% of its energy requirements through a combination of solar and hydroelectric power. "Wake Star showed good intentions when it partnered with our organization early on and fulfilled its promise to be transparent," said Phoebe Chetwynd, contact person at the Chamber. "We welcome this newcomer as a vital new corporate citizen."

76. According to the Web page, what is true about the Ortis Township Chamber of Commerce?

(A) It issues monthly newsletters to its members.
(B) It invests in plants that reduce carbon emissions.
(C) It encourages firms to use certain types of energy.
(D) It improves the profitability of small companies.

1 ◎ ☐ ☐ ☐ ☐   2 ◎ ☐ ☐ ☐ ☐   3 ◎ ☐ ☐ ☐ ☐

77. Why did Mr. Bhatti write to Ms. Chetwynd?

(A) To get approval on the plan to construct a new plant
(B) To apply for the Chamber of Commerce membership
(C) To discuss some issues about a product launch
(D) To seek advice on an upcoming project

1 ◎ ☐ ☐ ☐ ☐   2 ◎ ☐ ☐ ☐ ☐   3 ◎ ☐ ☐ ☐ ☐

78. What was sent with the e-mail?

(A) Documents about environmental action
(B) Permits for business operations
(C) Copies of a written application
(D) Information about corporate finances

1 ◎ ☐ ☐ ☐ ☐   2 ◎ ☐ ☐ ☐ ☐   3 ◎ ☐ ☐ ☐ ☐

79. What is suggested about Wake Star?

(A) It has been in business for more than a decade.
(B) It will present a revised development plan at the next meeting.
(C) It obtained approval from the township council within a few hours.
(D) It earned a Green Wind symbol for its new outlet.

○ △ ×　　　　○ △ ×　　　　○ △ ×
1回目 ☐☐☐　2回目 ☐☐☐　3回目 ☐☐☐

80. How did Wake Star appeal to the Ortis Township Chamber of Commerce?

(A) By reducing operational costs
(B) By keeping its commitment
(C) By funding some community projects
(D) By setting a numerical target

○ △ ×　　　　○ △ ×　　　　○ △ ×
1回目 ☐☐☐　2回目 ☐☐☐　3回目 ☐☐☐

The new plan has been **met** with a good reception.

76-80番は次のウェブページとメールと記事に関するものです。

 www.ortistownshipcoc.ca/about/communities

オーティス・タウンシップ商工会議所

オーティス・タウンシップ商工会議所は、環境に配慮した方法で地元経済の成長を手助けすることに尽力しております。例えば、工業用地は最大の炭素排出源のひとつであるため、❶我々は工場経営者の皆さまにこうした汚染の削減策への投資を奨励しています。さらに、❷ここで事業を開始したいと考えている企業さまには、その会社の環境に対する取り組みを審査して具体的なアドバイスを提供することによって、太陽光や風力などの代替エネルギーを利用できるように支援させていただいております。❼エネルギー必要量のうち、この種のエネルギーを25パーセント以上利用した会社には、当所よりグリーン・ウィンドのマークを差し上げます。質問や懸念点はフォーブ・チェットウィンド (p.chetwynd@ortistownshipcoc.ca) にご連絡ください。

宛先：	フォーブ・チェットウィンド <p.chetwynd@ortistownshipcoc.ca>
送信者：	エルゴン・バッティ <ebhatti@wakestar.net>
件名：	カナダでの初となる店舗の開店につきまして
日付：	5月10日
添付：	📎計画

チェットウィンド様

私は、シンガポールで最大手のホームセンターであるウェイク・スターの専務理事を務めております。❸皆さまの地域で店舗営業を始めたいと考えておりまして、ご案内いただけると幸いです。国の機関にはすでに申請書類を提出しましたが、皆さまの地域でカナダ初の店舗をオープンする予定のため、こちらにも申請させていただければと思います。

❺プロジェクトの開発計画と、そちらのウェブページにて通常審査すると記載されている書類を添付いたしました。❹お時間がある際に早めにこれらの書類を評価していただけると大変有難く存じます。皆さまの承認とご支援を頂戴するために他に弊社にできることが何かありましたらお知らせください。

本件につきまして、お力添えのほど何卒よろしくお願い申し上げます。

エルゴン・バッティ
サステナビリティ責任者
ウェイク・スター

ウェイク・スターがゴーサインを獲得

（8月12日）—❽町議会や地域市民との会合を重ね、長きにわたる交渉の末、シンガポールを拠点とする大手販売会社がついにこの町にやってきた。商工会議所の支援のもと、❻ウェイク・スター社は太陽光発電と水力発電を組み合わせた電力がエネルギー必要量の27パーセント以上を満たす販売店を構えた。「❾ウェイク・スターは当組織と協力し始めた当初から善意を示し、透明性を保つという約束を守ってくれました。この新規参入企業を大変重要な新しい企業市民として歓迎いたします」と、商工会議所の交渉窓口であるフォーブ・チェットウィンド氏は述べた。

Q76. 正解 (C) 正答率 ▶▶ **67**%

[3ステップ解説]

STEP1 Ortis Township Chamber of Commerce について当てはまることを答える問題。

STEP2 ウェブページの5〜6行目を見ると、工業地帯における二酸化炭素の排出について we encourage factory owners to invest in measures that cut such pollution (和訳❶) とあり、さらに6〜10行目にかけて we help firms that want to begin operations here make use of alternative power, such as solar or wind ... (和訳❷) と続くことから、この **Chamber of Commerce** (**商工会議所**) は、企業に対して太陽光や風力といった **alternative power** (**代替エネルギー**) の使用を奨励していることがわかる。

STEP3 よって、(C) が正解。alternative power, such as solar or wind の部分を **certain types of energy** (**ある種の〔特定の種類の〕エネルギー**) と言い換えている。Ortis Township Chamber of Commerce は工場の経営者が二酸化炭素排出削減のための方策に投資するのを促してサポートはするが、二酸化炭素排出を削減する工場へ投資するわけではないので、(B) は不正解。

[設問の訳] 76. ウェブページによると、オーティス・タウンシップ商工会議所について何が正しいですか?
(A) 会員に月刊誌を発行している。
(B) 炭素の排出量を減らす工場に投資している。
(C) 会社に特定の種類のエネルギーの使用を勧めている。
(D) 小さな会社の収益性を改善させている。

Q77. 正解 (D) 正答率 ▶▶ **61**%

[3ステップ解説]

STEP1 Bhatti さんが Chetwynd さんにメールを書いた理由を答える問題。

STEP2 まず、ウェブページの最終文から Chetwynd さんは Ortis Township Chamber of Commerce の問い合わせ窓口だとわかる。Bhatti さんはメールの第1段落第2文 My firm hopes that you can guide us as we launch store services in your area. (和訳❸) で自社店舗のカナダへの出店計画を Chetwynd さんに伝えたうえで、第2段落第2文 We would greatly appreciate it if you could evaluate these documents at your earliest convenience and let us know if there is anything else that we can do to gain your approval and support. (和訳❹) で、メールに添付した書類の確認と、商工会議所か

らの承認と支援を得るためのアドバイスをお願いしている。

STEP3 よって、(D) が正解。カナダへの出店計画を **an upcoming project**（**次のプロジェクト**）で言い表している。Wake Star 社が計画しているのはカナダにおける店舗の開業であって工場の建設ではないので、(A) は不正解。

〔設問の訳〕 **77.** バッティさんはなぜチェットウィンドさんにメールを書きましたか?
(A) 新しい工場の建設計画について承認を得るため
(B) 商工会議所の会員になるための申請するため
(C) 製品発売の問題について話し合うため
(D) 次のプロジェクトについて助言を求めるため

Q78.　正解 (A)　　　　　　　　　　　正答率 ▸▸ **71**%

〔3ステップ解説〕

STEP1 メールと一緒に送られたものを答える問題。

STEP2 メールの第2段落冒頭文を見ると、Attached you will find a project development plan, as well as the other documents your Web page said your organization commonly reviews.（和訳❺）とあるので、このメールにはプロジェクト開発計画書と Ortis Township Chamber of Commerce が通常レビューしている書類が添付されていることがわかる。一方、商工会議所が企業を支援する手段として、ウェブページの8〜10行目に by reviewing company initiatives for the environment and providing concrete advice と記載があるので、このメールには環境に対する **company initiatives**（**会社の取り組み**）が書かれた書類が添付されていると考えられる。

STEP3 よって、(A) が正解。

〔設問の訳〕 **78.** メールと共に何が送付されましたか?
(A) 環境活動についての書類　　　　　(B) 営業許可証
(C) 記入済みの申請書類のコピー　　　(D) 企業の財務情報

☞ スコアアップ♪のポイント

見た目が似ている initiative と incentive はセットで区別して覚えておきましょう。initiative は①「自発的に物事を進めていく能力」、「（問題解決のための）計画、戦略」という意味です。一方、incentive は②「人を行動に駆り立てるもの、仕事のやる気を起こさせるもの」、「奨励〔報奨〕金」という意味です。①は **take the initiative**（**率先してやる、主導権を取る**）や **new initiative**（**新たな試み〔計画〕**）、②は **incentive program**（**奨励プログラム**）や **incentive salary**（**奨励金**）といったフレーズで覚えておきましょう。

Q79. 正解 (D) 　　　　　　　　　　　　正答率 ▶▶ **67%**

[3ステップ解説]

STEP1 Wake Star 社について言えることを推測して答える問題。

STEP2 記事の4〜6行目を見ると、Wake Star was able to build a retail facility that meets over 27% of its energy requirements through a combination of solar and hydroelectric power (和訳❻) とあるので、エネルギー必要量の27%を超えたことによって、Wake Star 社の小売施設は商工会議所が定める基準を満たしたことがわかる。一方、ウェブページの下から3〜5行目に Businesses that utilize these types of energy for at least 25% of their needs obtain a Green Wind seal from us. (和訳❼) とあり、自社で必要とするエネルギー必要量の25%以上を太陽光や風力などの代替エネルギーでまかなえている企業には Green Wind マークが与えられることがわかる。

STEP3 以上から、Wake Star 社は Ortis Township Chamber of Commerce から Green Wind マークをもらったと考えられるので、(D) が正解。earn は「〜を獲得する」、outlet は「店舗」という意味。Wake Star 社の創業年数については本文に記載がなく、**for more than a decade（10年超にわたって）** サービスを提供しているかどうか判断がつかないので、(A) は不正解。また、記事の冒頭文に A major Singapore-based retailer has finally arrived here, following a lengthy series of negotiations with the township council and public community meetings. (和訳❽) とあり、**a lengthy series of negotiations（一連の長い議論）** を経て議会の承認を得たと考えられるので、(C) も不正解。

[設問の訳] **79.** ウェイク・スター社について何が示唆されていますか?
(A) 10年以上営業している
(B) 次の会議で修正した開発計画を提示する。
(C) 数時間以内に町議会から承認を得た。
(D) 新店舗のためにグリーン・ウィンドの象徴を取得した。

Q80. 正解 (B) 　　　　　　　　　　　　正答率 ▶▶ **62%**

[3ステップ解説]

STEP1 Wake Star 社が Ortis Township Chamber of Commerce にどのようにアピールしたかを答える問題。

STEP2 記事の後半に登場する、商工会議所の連絡窓口である Chetwynd さんの発言 Wake Star showed good intentions when it partnered with our organization early on and fulfilled its promise to be

transparent（和訳❾）から、Wake Star 社は商工会議所に対して善意を示し、透明性をもって何事も包み隠さず対応するという約束を果たすことで Ortis Township Chamber of Commerce の信頼を得ることができたと考えられる。

STEP3 よって、(B) が正解。**fulfill one's promise**（〜の約束を果たす）というフレーズを **keep one's commitment**（〜の約束を守る）というフレーズで言い換えている。Wake Star 社は商工会議所が定める数値基準をクリアした旨は記載されているが、自ら **numerical target**（**数値目標**）を設定したかどうかは本文からは判断できないので、(D) を選ぶことはできない。

設問の訳　**80.** ウェイク・スター社はどのようにしてオーティス・タウンシップ商工会議所にアピールしましたか？
(A) 運営コストを削減することによって
(B) 約束を守ることによって
(C) 地域のプロジェクトに投資することによって
(D) 数値目標を設定することによって

スコアアップのポイント

演習問題はいつもテンポよく解けて正解率も悪くないのに、本番のテストではなぜかいつもうまくいかないという方は、time pressure と mental pressure の2大負荷をかけた状態での問題演習が圧倒的に足りていません。この2大負荷をかけるためには、まず1回あたりの演習で取り組む問題量を増やすことが大事です。また、必ず時間を計りながら問題に取り組み、毎回制限時間内で解き切ることを目標に、自分が理解できる限界のスピードで設問、本文、選択肢を速読することが大事です。疲れたからといって学習を終えるのではなく、疲れてからいかに頑張れるかが勝負だと思ってください。筋トレと同じです。普段から自分に負荷をかけて演習問題に取り組める人は、英語力、試験力、集中力、精神力といった筋力が発達して、プレッシャーに負けずに本番でも実力を発揮できるようになります。

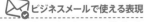
ビジネスメールで使える表現

Attached you will find a project development plan.
（プロジェクト開発計画を添付致します。）

Thank you very much in advance for your help in this matter.
（あらかじめこの件に関してお力添えいただけることに感謝申し上げます。）

正解一覧

☐☐☐ 1 D	☐☐☐ 28 D	☐☐☐ 55 C
☐☐☐ 2 B	☐☐☐ 29 C	☐☐☐ 56 B
☐☐☐ 3 B	☐☐☐ 30 C	☐☐☐ 57 C
☐☐☐ 4 C	☐☐☐ 31 B	☐☐☐ 58 D
☐☐☐ 5 D	☐☐☐ 32 D	☐☐☐ 59 D
☐☐☐ 6 A	☐☐☐ 33 D	☐☐☐ 60 B
☐☐☐ 7 C	☐☐☐ 34 A	☐☐☐ 61 B
☐☐☐ 8 D	☐☐☐ 35 B	☐☐☐ 62 C
☐☐☐ 9 A	☐☐☐ 36 A	☐☐☐ 63 C
☐☐☐ 10 B	☐☐☐ 37 B	☐☐☐ 64 A
☐☐☐ 11 C	☐☐☐ 38 C	☐☐☐ 65 B
☐☐☐ 12 A	☐☐☐ 39 A	☐☐☐ 66 A
☐☐☐ 13 D	☐☐☐ 40 D	☐☐☐ 67 D
☐☐☐ 14 B	☐☐☐ 41 D	☐☐☐ 68 A
☐☐☐ 15 C	☐☐☐ 42 C	☐☐☐ 69 C
☐☐☐ 16 A	☐☐☐ 43 A	☐☐☐ 70 B
☐☐☐ 17 D	☐☐☐ 44 C	☐☐☐ 71 C
☐☐☐ 18 A	☐☐☐ 45 A	☐☐☐ 72 D
☐☐☐ 19 C	☐☐☐ 46 B	☐☐☐ 73 B
☐☐☐ 20 D	☐☐☐ 47 C	☐☐☐ 74 D
☐☐☐ 21 A	☐☐☐ 48 B	☐☐☐ 75 A
☐☐☐ 22 B	☐☐☐ 49 B	☐☐☐ 76 C
☐☐☐ 23 A	☐☐☐ 50 D	☐☐☐ 77 D
☐☐☐ 24 C	☐☐☐ 51 C	☐☐☐ 78 A
☐☐☐ 25 C	☐☐☐ 52 D	☐☐☐ 79 D
☐☐☐ 26 B	☐☐☐ 53 B	☐☐☐ 80 B
☐☐☐ 27 A	☐☐☐ 54 A	

超人気の英語学習アプリ abceed で相乗効果！

本書は、No.1 英語教材アプリ「abceed」にも対応していますので、本とスマホの"二刀流"で、超効率的学習が実現できるのです！やり方は超簡単！ 下記のQRコード（もしくはURL）でウェブサイトにアクセスし、スマホにアプリをダウンロードするだけ！

No.1英語教材アプリ
abceed

Android・iPhone 対応

〈無料サービス〉
① **音声機能**
　本書の音声をアプリから無料でダウンロードして聴くことができる！ 倍速再生、区間リピートなど、学習に便利な機能付き！
② **自動採点マークシート機能**
　本書に対応したマークシートが使用できる！
　自動採点もしてくれる！
③ **学習時間記録機能**
　アプリを使ってどのぐらいの時間学習をしたか、
　自動的に記録してくれるので、振り返りに便利！

＊「abceed premium」および「abceed unlimited」は有料です。
＊使い方は、www.globeejapan.com にてご確認ください。
＊ご利用の場合は、スマートフォンにアプリをダウンロードしてください。

https://www.globeejapan.com/

*abceed は株式会社 Globee の商品です。

●著者紹介

野村 知也 Nomura Tomoya

TOEIC®指導塾X-GATE（クロスゲート）代表。海外留学経験なしにTOEIC990点、英検1級を取得。学習者一人ひとりに合ったきめ細やかな指導とサポートが受講生から好評。著書に『TOEIC® L&R TEST 長文読解問題集 TARGET600』（Jリサーチ出版）、『頻度順1問1答 TOEIC® L&R テスト リーディング』（アスク出版）、共著書に『TOEIC®テスト 新形式精選模試リスニング』、『TOEIC®テスト 新形式精選模試リーディング』（ジャパンタイムズ出版）、『TOEIC® L&Rテスト 必ず☆でる問題 学習スタートブック』（Jリサーチ出版）がある。趣味は料理と読書。

本書へのご意見・ご感想は下記URLまでお寄せください。
https://www.jresearch.co.jp/contact/

カバーデザイン	中村 聡（Nakamura Book Design）
本文デザイン／DTP	江口 うり子（アレピエ）
英文作成	CPI Japan
英文和訳	四條 雪菜
校正	文字工房燦光
ナレーション	Neil DeMaere　水月 優希
イラスト	田中斉　ハルナツ／PIXTA（ピクスタ）

TOEIC® L&R TEST 長文読解問題集 TARGET 730

令和3年（2021年）2月10日　初版第1刷発行
令和4年（2022年）2月10日　　　第2刷発行

著　者	野村 知也
発行人	福田 富与
発行所	有限会社 Jリサーチ出版
	〒166-0002 東京都杉並区高円寺北2-29-14-705
	電話 03（6808）8801（代）　FAX 03（5364）5310
	編集部 03（6808）8806
	URL https://www.jresearch.co.jp
印刷所	㈱シナノ パブリッシング プレス

ISBN978-4-86392-505-2　禁無断転載。なお、乱丁・落丁はお取り替えいたします。
©2021 Tomoya Nomura, All rights reserved.